Chroniques
de la haine ordinaire

Du même auteur

AUX MÊMES ÉDITIONS

Manuel de savoir-vivre à l'usage des rustres
et des malpolis
coll. « Point-Virgule », 1981

Vivons heureux en attendant la mort
hors collection, 1983

Dictionnaire superflu à l'usage de l'élite
et des biens nantis
coll. « Point-Virgule », 1984

Des femmes qui tombent
roman, 1985

AUX ÉDITIONS RIVAGES

Almanach Desproges
1988

Pierre Desproges

Chroniques de la haine ordinaire

Éditions du Seuil

COLLECTION DIRIGÉE PAR NICOLE VIMARD
AVEC EDMOND BLANC ET CLAUDE DUNETON

EN COUVERTURE : photo Michel Birot

ISBN 2-02-009480-0

© FÉVRIER 1987, ÉDITIONS DU SEUIL.

Bonne année mon cul

3 février 1986

Il était temps que janvier fît place à février.

Janvier est de très loin le mois le plus saumâtre, le plus grumeleux, le moins pétillant de l'année.

Les plus sous-doués d'entre vous auront remarqué que janvier débute le premier. Je veux dire que ce n'est pas moi qui ai commencé.

Et qu'est-ce que le premier janvier, sinon le jour honni entre tous où des brassées d'imbéciles joviaux se jettent sur leur téléphone pour vous rappeler l'inexorable progression de votre compte à rebours avant le départ vers le Père-Lachaise...

Dieu merci, cet hiver, afin de m'épargner au maximum les assauts grotesques de ces enthousiasmes hypocrites, j'ai modifié légèrement le message de mon répondeur téléphonique. Au lieu de « Bonjour à tous », j'ai mis « Bonne année mon cul ». C'est net, c'est sobre, et ça vole suffisamment bas pour que les grossiers trouvent ça vulgaire.

Plus encore que les quarante-cinq précédents mois de janvier que j'ai eu le malheur de traverser par la faute de ma mère, celui-ci est à marquer d'une pierre noire. Je n'en retiens pour ma part que les glauques et mornes soubresauts de l'actualité dont il fut parsemé.

C'est un avocat très mûr qui tombe, sa veuve qui descend de son petit cheval pour monter sur ses grands chevaux. La gauche est dans un cul-de-sac. Mme Villemin est dans l'impasse, tandis que, de biture en biture, les graphologues de l'affaire qui ne dessoûlent plus continuent à jouer à Pince-mi et Grégory sont dans un bateau...

Côté bouillon de culture, Francis Huster attrape *le Cid* avec Jean Marais.

Au *Progrès de Lyon*, le spécialiste des chiens écrasés et le responsable des chats noyés, apprenant qu'Hersant rachète le journal, se dominent pour ne pas faire grève.

Le 15, premier coup dur, Balavoine est mort.

Le 16, deuxième coup dur, Chantal Goya est toujours vivante. L'Espagne — fallait-il qu'elle fût myope — reconnaît Israël.

Le 19, on croit apercevoir mère Teresa chez Régine : c'était Bardot sous sa mantille en peau de phoque...

Le 23, il fait 9^0 à Massy-Palaiseau. On n'avait pas vu ça, un 23 janvier, depuis 1936. Et je pose la question : Qu'est-ce que ça peut foutre ?

Le 26, sur TF 1, le roi des Enfoirés dégouline de charité chrétienne dans une entreprise de restauration

cardiaque pour nouveaux pauvres : heureusement,
j'ai mon Alka-Seltzer.

Le 27, l'un des trois légionnaires assassins du
Paris-Vintimille essaie timidement de se suicider dans
sa cellule. Ses jours ne sont pas en danger. Je n'en
dirais pas autant de ses nuits.

Le 29, feu d'artifice tragique à Cap-Kennedy.
Bilan : 380 tonnes d'hydrogène et d'oxygène liquides
bêtement gâchées.

Et le soir du 31, comme tous les soirs, Joëlle
Kauffmann embrasse ses deux garçons. Et elle entre
dans sa chambre. Elle est toute seule. Elle ne dort pas
très bien.

Enfin voici février. Sec comme un coup de trique et
glacé comme un marron. Avec son Mardi gras qui
nous court sur la crêpe. C'est le mois de saint Blaise,
qui rit dans son ascèse, et de sainte Véronique, qui
pleure dans les tuniques. C'est aussi le temps du
carême, où les maigres chrétiens d'Éthiopie peuvent
enfin jeûner la tête haute pour la seule gloire de
Dieu.

Les statistiques sont irréfutables : c'est en février
que les hommes s'entre-tuent le moins dans le
monde ; moins de tueries guerrières, moins de rixes
crapuleuses, moins d'agressions nocturnes dans les
rues sombres du XVIIIᵉ, où l'insécurité est telle habituellement que les Arabes n'osent même plus sortir le
soir. Jusqu'au nombre des cambriolages qui diminue
de 6 % en février. Et tout ça, pourquoi ?

Après les enquêtes scientifiques les plus poussées,
les sociologues sont parvenus à cette incroyable

conclusion : si les hommes font moins de conneries en février, c'est parce qu'ils n'ont que 28 jours.

Quant au mois de mars, je le dis sans aucune arrière-pensée politique, ça m'étonnerait qu'il passe l'hiver.

Les restaurants du foie

4 février 1986

Attention, attention. Il n'y a pas que les nouveaux pauvres. Il y a les nouveaux riches. Pour venir en aide à mes amis nouveaux riches qui crèvent dans leur cholestérol en plein hiver à Méribel, j'ai décidé d'ouvrir les restaurants du foie. Envoyez-moi des tonnes de verveine et des quintaux de biscottes sans sel, le bon Dieu vous les rendra...

Sans vouloir offenser les marchands de confitures, il faut bien se rendre à l'évidence : les sirupeux commencent à nous les engluer.

Depuis des lustres, déjà, la mièvrerie d'un humanisme sanglotant enrobait l'*Homo sapiens* occidental, infiltrant en son cœur débordant de remords colonialiste le flot sucré de la plus vulgaire sensiblerie. Mais bon. On se contentait de patauger dans le filandreux sans s'y noyer : trois sous pour l'abbé Pierre, une marraine pour le Vietnam, une cuillerée pour Mamadou, et l'on pouvait retourner finir son foie gras la conscience débarbouillée, et l'âme dans les pantoufles.

Mais voici qu'une horde électronique de rockers anglophones surgavés d'ice-creams se prend soudain d'émotion au récit pitoyable de la misère éthiopienne dont les navrantes images nous prouvent en tout cas qu'on peut garder la ligne loin de Contrexéville. Gravés sur le vinyle, les miaulements effrayants et les brames emmêlés de ces chanteurs transis déferlent un jour sur les ondes, et c'est alors le monde entier qui glougloute dans la mélasse, la larme en crue et la honte sous le bras.

Pantelants d'admiration pour tout ce qui vient d'Amérique, les troubadours fin de siècle du rock auvergnat veulent faire la même chose. Ils s'agglutinent en vain aux portes des maquignons du 33 tours : Renaud a eu l'idée avant. Alors, ils chantent avec lui.

A la vue du clip de ces durs en cuir pissotant leur douleur sur leurs leggings, Margot, dégoulinante de chagrin panafricain, se prive des *Mémoires* de Patrick Sabatier pour pouvoir s'acheter le disque.

Survient l'hiver. Les nouveaux cons tuent la dinde. Les nouvelles dindes se zibelinent. Les nouveaux pauvres ont faim. Les charitables épisodiques, entre deux bâfrées de confit d'oie, vont pouvoir épancher leurs élans diabétiques. Le plus célèbre des employés de Paul Lederman ouvre les « Restaurants du cœur ». Des tripiers doux, des épiciers émus, de tendres charcutiers, le cœur bouffi de charité chrétienne et la goutte hyperglycémique au ras des yeux rouges, montrent leur bonté à tous les passants sur les trois chaînes. Margot revend son disque pour l'Éthiopie pour acheter des pieds de porc aux chômeurs islamiques. Telle une enfant sud-américaine s'enfonçant dans la boue, la France entière fond doucement dans le miel. Des auréoles de saindoux poussent au front des nouveaux bigots du show-bizz. Ça tartuffe sur TF 1. Dans la foulée, un chanteur sans père se donne aux orphelins : c'est *Sans famille* sur Antenne 2. Un animateur lacrymal chante la complainte à nodules des damnés du cancer, c'est saint Vincent de Paul sur FR 3.

Infoutus d'aboutir, les pontifes d'Esculape tendent la sébile aux carrefours : SOS métastases, médecins sans scanner, « ouvrez-moi cette porte où je frappe en pleurant », partout les alarmés du salut nous poissent de leurs déjections sucrées.

Heureusement, Dieu m'écartèle, si possible sous anesthésie générale ; il reste encore en France, en Colombie, en Éthiopie, des humains qui n'ont rien perdu de leur dignité, qu'un sort heureux a mis à l'abri de la pitié des hommes. Eux n'ont pas à mendier. En casquette à galon doré, ils somnolent dans les tourelles antiseptiques de leurs chars astiqués. Ils sucent des caramels en attendant le déclenchement de la troisième. Quand on lèvera des impôts pour les mourants du monde et qu'on fera la quête pour préparer les guerres, j'irai chanter avec Renaud. En attendant, oui, mon pote, j'ai cent balles. Et je les garde.

Quant au mois de mars, je le dis sans aucune arrière-pensée politique, ça m'étonnerait qu'il passe l'hiver.

La drogue, c'est de la merde

7 février 1986

Cela s'appelle un clip, parce que c'est bref. Je dirais plutôt un film, parce que ça dit une histoire, ça porte une idée.

Dans la cour d'un lycée, un grand adolescent commun tourne autour d'une gamine. On le devine encore boutonneux. Elle, toujours chrysalide, avec, dans les yeux, cet émoi brûlant qu'elles ont à l'âge des seins qui poussent. Un petit garçon joli les regarde, intrigué, peut-être inquiet.
Le grand, doucement, enveloppe la petite de son bras rassurant. Il la pousse ainsi jusqu'aux toilettes. Là, il extrait de sa poche un petit sachet blanc et le pose sur le rebord du lavabo. David — j'aime à penser que le petit s'appelle David, tout philosémitisme mis à part — s'interpose alors entre la nymphe et l'acnéen, s'empare du sachet blanc et le jette dans la lunette du cabinet. Il tire la chasse d'eau. Apparaît

alors, bouffant tout l'écran en lettres d'or, ce cri du cœur :

« La drogue, c'est de la merde. »

Ce petit film, qu'on verra dans les salles de cinéma dans quelques jours et à la télévision si les programmateurs s'éveillent à l'intelligence, on peut rêver, a été écrit et réalisé par Jean-Marie Périer. En collaboration étroite et avec le chaleureux soutien de Jacques Séguéla, dont le quotient intellectuel dépasse largement le chiffre de la température anale dès qu'il cesse de nous comparer le message publicitaire à l'expression onirique de quelque néoromantisme éthéré.

Le film de Périer et Séguéla dure une minute.

C'est un chef-d'œuvre. Ça existe, un chef-d'œuvre de soixante secondes : personnellement, je n'échangerais pas *Viens poupoule* contre deux barils de *la Traviata*, ni ce film-plume-ci contre deux quintaux de Lelouch... C'est beau et terriblement efficace. Je l'ai montré à une petite fille qui m'est familière et qui a presque l'âge de celle du film, et j'ai lu dans ses yeux, furtif et flamboyant, le dégoût salutaire des immondices exotiques.

Et pourtant, Dieu m'émascule, si possible au laser ça fait moins mal, il s'est trouvé de consternantes badernes pour hurler au scandale. Ces censeurs, que seule la crainte du pléonasme m'interdit de qualifier d'imbéciles, se sont montrés choqués par la dureté du film. Engoncés dans le carcan étriqué de leurs certitudes apprises, ils sont de ceux qui hurlent à la lune morte les cris de leur cœur surgelé : on ne doit pas dire

de gros mots, même pour lutter contre la drogue. On
ne doit pas mettre ses doigts dans son nez quand on
monte à l'assaut. On ne doit pas mettre ses coudes sur
la chaise électrique. Les mêmes se justifient en
arguant que ce type de propagande attire les jeunes
vers la drogue au lieu de les en dégoûter. Ils disent
aussi que les manifs antiracistes exacerbent les désirs
de pogrom des eunuques en cuir. Alors quoi ? Chut,
silence, pas un mot ? Après tout, c'était le bon temps,
celui où leur bonne, enceinte de leurs soubresauts
obscènes, se défonçait sans bruit les entrailles à
l'aiguille à tricoter avant d'aller crever au caniveau,
comme un junkie sous overdose.

Je connais bien ce type d'argument. Récemment, à
la fin d'un spectacle, dans une ville de province, j'ai
reçu dans ma loge un journaliste d'une radio locale
(j'ai trop de respect pour la liberté pour appeler ça
une radio libre), un de ces zombies mous qui s'imaginent qu'il suffit de flatuler dans un walkman pour
faire de la radiophonie. En essayant de brancher son
Philips à deux têtes sur un magnétophone Henri II, ce
mammifère me dit qu'il avait aimé l'essentiel de mon
spectacle. Ce qui me rembrunit d'emblée. Et puis, il
ajouta — je cite sans fioritures :
    — Mais comment que ça se fait que, dans vos
sketches, vous rigolez des cancéreux ?
    Et d'ajouter, devant ma mine navrée :
    — En tout cas, vous critiquez le cancer...

Quant au mois de mars, je le dis sans aucune arrière-pensée politique, ça m'étonnerait qu'il passe l'hiver.

Dieu n'est pas bien

12 février 1986

Ce matin-là, qui était le matin du septième jour, Dieu ne se sentit pas très bien. Il faut dire que, les six premiers jours, il n'avait pas ménagé sa peine, créant coup sur coup la lumière, la terre, les mers, l'homme, les animaux, le ciel bleu, les étoiles jaunes, enfin tout ce bordel de Dieu qui nous entoure et sans lequel nous n'aurions jamais pu connaître l'arthrite du genou ni la bombe à neutrons.

Et donc, le septième jour, Dieu se sentit mou et s'en fut consulter l'interne de garde à l'Hôtel-Dieu.

— Comment allez-vous, mon Dieu ? s'enquit le docteur.

Et Dieu dit :

— Bof, comme un lundi.

— C'est fâcheux, dit le docteur. On est dimanche. Mais que ressentez-vous précisément ?

Et Dieu dit :

— C'est difficile à dire. J'ai l'impression d'être

creux et sans contours. Comme ballonné, mais sans la baudruche autour du rien. L'impression de ne pas être là et de ne pas être ailleurs non plus… Pour être clair, docteur, je crois que je n'existe pas. Dans ma situation, vous comprendrez que c'est extrêmement pénible.

— Rassurez-vous, ce n'est qu'une sensation, affirma le docteur, qui était plus pieux qu'une cuisse de grenouille intégriste. Je vais tout de même vous examiner. Dites 33.

Et Dieu dit :

— On ne donne pas d'ordre à Dieu. On le prie.

— Je vous prie de dire 33, dit le docteur.

Et Dieu dit :

— 33, 33, 33.

— Bien. Maintenant, faites Aaaa. Je vous prie de faire Aaaa.

Et Dieu dit :

— Aaaaaa.

— Vingt dieux ! s'exclama le docteur qui voyait grand.

Et Dieu dit :

— é a o eu ? é i a ?

— Eh bien, c'est incroyable. Vous avez la gorge si sombre que je n'y vois rien.

Et Dieu dit :

— C'est normal. Les voies du Seigneur sont impénétrables.

— Mais vous n'avez pas de moi profond ! Sans son moi profond, on ne peut pas vivre, reprit le docteur.

— Quand je vous disais que je n'existe pas, c'est pas des conneries, dit Dieu.

— C'est égal, on est bien peu de chose, constata le docteur.

— On n'est même rien du tout, oui, dit Dieu. Ni moi ni vous puisque sans moi pour vous créer, vous l'avez dans le... néant.

— Ah nom de Dieu, dit le docteur.

— Je vous en prie, dit Dieu. Combien vous dois-je, docteur ?

— Je ne sais pas, moi. Donnez-moi ce que vous voulez... donnez-nous aujourd'hui notre pain quotidien.

— Comme d'habitude ?

— Comme d'habitude.

— Et deux baguettes bien cuites pour le docteur Freud, dit Dieu.

Quant au mois de mars, je le dis sans aucune arrière-pensée politique, ça m'étonnerait qu'il passe l'hiver.

Humilié

14 février 1986

Connaissez-vous rien de plus humiliant, pour une grande personne, que d'être publiquement déculottée par un enfant ? J'entends « déculottée » au sens figuré, cela va de soi : pour ce qui est des tentatives de détournement de majeur, faites-moi confiance, je sais me défendre.

En revanche, j'entends « grande personne » au sens propre, trois fois hélas, je devrais dire quarante-six fois hélas, mon expulsion placentaire ayant coïncidé avec le début d'un exode encore plus général... Je suis même une grande personne en voie de tassement. Je commence à m'essouffler dans les secrétaires, même bilingues. Bientôt, j'accosterai sur les rives mortelles du Troisième Age, celui où tout bascule, où l'on s'éveille un triste matin sur les genoux, avec les mains froides et le gris aux tempes. La veille encore, tout allait bien pour toi, mon frère : tant qu'il a les artères plus molles que le sexe, l'étalon piaffe. Et puis, plaf, tu sais ce que c'est : quand l'un de ses membres ne lui permet plus de cavaler, on abat le vieux cheval...

Pouf, pouf.

Avant ces digressions de cimetière où la grisaille givrée de cet hiver de merde me pousse malgré moi, j'allais vous narrer comment je fus récemment humilié, que dis-je, bafoué au plus profond de ma vanité de mâle à poil dur, par un petit garçon. Un petit Suisse, tout laiteux tout sucré, qui s'appelait Hans et qui avait huit ans et demi au moment des faits, c'est-à-dire avant-hier.

Un petit garçon normal, avec des cheveux tendres et des yeux bleus parallèles.

Je venais de déjeuner avec quelques amis chez son papa, un Suisse riche (excusez, je bafouille...), un Suisse qui fournit des rations-repas aux compagnies d'aviation du monde entier. Un type bien : ne me faites pas dire qu'un con fait des rations helvétiques, je ne calemboure point dans les alpages.

Au pousse-café, Hans — qui me tient pour un être exceptionnel parce que je dis des gros mots dans le poste — voulut à tout prix me montrer sa chambre. C'était, sur douze mètres carrés, du sol au plafond et jusque sous le lit, un musée de l'avion, avec tout ce qui vole, plane ou sombre, depuis les biplans incertains façon Blériot jusqu'à l'invincible navette d'artifice que vous savez, en passant par le Bréguet-deux-ponts et le Spirit-of-Saint-Louis. Hans m'expliqua que son père avait naturellement aidé à sa collection d'aéroplanes mais que, maintenant, ce qui l'intéressait surtout, c'était les chasseurs et les bombardiers. Quand nous fûmes revenus au salon, je félicitai le gamin pour la stupéfiante précocité de son aérophilie casanière, tout en m'étonnant tout de même de sa nouvelle attirance vers les machines de guerre.

— Je m'en fous, quand je serai grand, je serai pilote de chasse, décréta-t-il, avec une pointe d'agressivité dans le ton.

Et alors moi, pauvre moraliste de café-tabac, voilà-t-il pas qu'emporté par un élan de pacifisme moisi indigne du responsable du stage rafia longue durée de la Maison de la culture de Saint-Jérôme-Deschamps, voilà-t-il point qu'au lieu de me taire, exalté à cœur par les brumes de mon Davidoff mêlées aux effluves de la poire Williams, revoilà-t-il repoint que je m'entends dire que : a pas beau la guerre et que a caca la mitrailleuse et que c'est vilain tacatacaboum.

— Voyons, Hans, mon petit pote, ce qui te plaît, dans l'avion, c'est de voler. Mais pourquoi veux-tu à tout prix voler dans l'armée ? Sais-tu bien ce que cela représente, comme morts à venir, un pilote de chasse ? Sais-tu que ça peut tuer, un pilote de chasse ?

Et lui, poliment surpris :

— En Suisse ?

Hu-mi-lié.

Quant au mois de mars, je le dis sans aucune arrière-pensée politique, ça m'étonnerait qu'il passe l'hiver.

Criticon

19 février 1986

Un critique de films, dont je tairai le nom afin qu'il n'émerge point du légitime anonymat où le maintient son indigence, écrivait dans un hebdomadaire dans lequel, de crainte qu'ils n'y pourrissent, je n'enfermerais pas mes harengs, un critique de films, disais-je donc avant de m'ensabler dans les méandres sournois de mes aigreurs égarées entre deux virgules si éloignées du début de ma phrase que voilà-t-il pas que je ne sais plus de quoi je cause, un critique de films écrivait récemment, à propos, je crois, d'un film de Claude Zidi, deux points ouvrez les guillemets avec des pincettes :

« C'est un film qui n'a pas d'autre ambition que celle de nous faire rire. »

Je dis merci.

Merci à toi, incontinent crétin justement ignoré, merci d'avoir fait sous toi, permettant ainsi à l'humble chroniqueur radiophonique quotidien de trouver matière (je pèse mes mots) à entretenir sa verve misanthropique que les yeux tendres des enfants et la douceur de vivre en ce pays sans barreaux aux fenêtres des dictateurs en fuite font encore trop souvent chanceler. (C'est la verve qui chancelle.)

Merci, sinistrissime ruminant, pour l'irréelle perfection de ta bouse, étalée comme un engrais prometteur sur le pré clairsemé de mon inspiration vacillante où je cherchais en vain ce soir les trèfles à quatre griffes de ma haine ordinaire qui s'épanouit jour après jour au vent mauvais qui l'éparpille sur 1 852 mètres grandes ondes avant la publicité pour le GAN et l'UAP et le journal de Patrice Bertin, mais pour écouter dans les tunnels essayez la FM...

Relisons ensemble cette sentence digne de figurer au fronton du mausolée à la gloire du connard inconnu mort pour la transe :

« C'est un film qui n'a pas d'autre ambition que celle de nous faire rire. »

D'abord, je passerai sur l'écrasante fadeur du lieu commun. On a justement mis le doigt récemment sur l'immense ennui distillé à longueur de discours par la fameuse langue de bois des politichiens et des politicons. Mais tirez donc celle de certains journalistes, et vous verrez qu'elle est chargée : « On se perd en conjectures sur les causes de l'accident, et on murmure dans les milieux généralement bien informés qu'on laisse entendre de source sûre, mais devant l'amas de tôles froissées et de poutres calcinées l'innocente victime ne fait que répéter " C'est affreux, c'est affreux ", et gageons que cette soirée n'engendrera pas la mélancolie. » Nous y revoilà.

Je sens qu'ils vont bien dormir au sommet de la francophonie.

Ce qui (sans génie, je vous l'accorde) me fait bouillir, c'est qu'un cuistre ose rabaisser l'art, que dis-je, l'artisanat du rire au rang d'une pâlotte besognette pour façonneur léthargique de cocottes en papier.

Qu'on me comprenne. Je ne plaide pas pour ma chapelle. D'ailleurs, je ne cherche pas à vous faire rire, mais seulement à nourrir ma famille en ébauchant ici, chaque jour, un grand problème d'actualité : ceci est une chronique qui n'a pas d'autre prétention que celle de me faire manger.

Mais qui es-tu, zéro flapi, pour te permettre de penser que le labeur du clown se fait sans la sueur de l'homme ? Qui t'autorise à croire que l'humoriste est sans orgueil ? Mais elle est immense, mon cher, la prétention de faire rire. Un film, un livre, une pièce, un dessin qui cherchent à donner de la joie (à vendre de la joie, faut pas déconner), ça se prépare, ça se découpe, ça se polit. Une œuvre pour de rire, ça se tourne, comme un fauteuil d'ébéniste, ou comme un compliment, je ne sais pas si tu vois ce que je veux dire avec ce trou béant dans ta boîte crânienne... Molière, qui fait toujours rire le troisième âge, a transpiré à en mourir. Chaplin a sué. Guitry s'est défoncé. Woody Allen et Mel Brooks sont fatigués, souvent, pour avoir eu, vingt heures par jour, la prétention de nous faire rire. Claude Zidi s'emmerde et parfois se décourage et s'épuise et continue, et c'est souvent terrible, car il arrive que ses films ne fassent rire que lui et deux charlots sur trois. Mais il faut plus d'ambition, d'idées et de travail pour accoucher des *Ripoux* que pour avorter de films fœtus à la Duras et autre déliquescences placentaires où le cinéphile lacanien rejoint le handicapé mental dans un même élan d'idolâtrie pour tout ce qui ressemble de près ou de loin à de la merde.

Pauvre petit censeur de joie, tu sais ce qu'il te dit monsieur Hulot ?

Quant au mois de mars, je le dis sans aucune arrière-pensée politique, ça m'étonnerait qu'il passe l'hiver.

Les trois draps
du prince d'Orient

20 février 1986

Imaginez, face au Léman gris-bleu que la mouette escagasse, l'un des plus beaux palaces hôtels de Genève. Un grand beau cube adouci aux entournures, cachant aux yeux du populaire, sous sa brillante carapace de verre fumé, des chambres de princesses et des salons d'ébène où seuls le cliquetis assourdi d'une cuiller d'argent sur un cristal de Daum ou le froissement craquelé d'un billet de cent dollars viennent parfois troubler à peine le silence feutré des moquettes vert tendre si profondes que les plus petits émirs, chatouillés sous les bras par leurs doux poils de laine blanche épurée, les parcourent en pouffant d'un beau rire oriental…

J'y vins dormir trois nuits aux frais de mon éditeur. Lequel, ébloui par le chiffre de mes tirages, au seuil de l'année nouvelle, m'avait envoyé ronronner là pour que je m'y partageasse entre deux interviews compassées par-ci et deux intervieweuses compassées par-là, avec des gros lolos pour la partie ludique.

Au soir du troisième jour, alors que l'hôtel était bondé d'une horde gominée de parvenus de style Vuitton-Cartier, atterris en ces lieux pour assister à je ne sais plus quel Salon de la décoration de bureau pour amateurs d'ordinateurs Louis XV, voici qu'apparaît à la réception et à l'improviste un magnifique ministre princier d'un État du Golfe, avec une noble tête de pirate du désert sur un ensemble Balmain pied-de-poule, et un gorille élastique et camionnal, beau comme un Depardieu rectifié au brou de noix.

— Cher réceptionniste, dit le ministre, outalib bi alrorfa mia oua tamani ya oua talatin.

— Plaît-il ? s'étonna le réceptionniste.

— Well, dit l'armoire. De prince says dat he would like to get de room one hundred and thirty eight.

Le réceptionniste, hélas, dut s'aplatir en excuses navrées : la suite 138, celle que le prince et son Rocky-des-sables habitaient habituellement, était exceptionnellement occupée. Son Altesse aurait dû réserver. Mais il restait une chambre simple, la 147. Or, le ministre exigeait que son garde du corps dormît dans la même suite que lui, sur un lit de camp dans la pièce contiguë. Hélas, oulala, oulala, cette nuit-là, non seulement il ne restait qu'une chambre, mais tous les lits de camp avaient été réquisitionnés pour les épouses ou les hétaïres des cadres brillantinés susdécrits. Son Altesse accepterait-elle exceptionnellement que son collaborateur dormît à l'étage du dessus où restait une chambre mansardée sous le toit ?

— Ya Rarab bi teq ! hurla le ministre.

Ce qui peut se traduire en substance par putain de bordel de merde ça va chier nom de Dieu.

Le réceptionniste affolé réveilla le directeur. Le prince était le meilleur client de l'hôtel. L'été, il venait prendre les eaux du lac avec son harem, les cousines de son harem, les sœurs des cousines de son harem et des tas de potes sous-émirs pétrolifères djellabiques qui venaient déverser leurs milliards superflus par les fenêtres du casino. La seule exigence de ce client en or était qu'on fît dormir son musclé près de lui.

— Je suis infiniment confus, dit le directeur. Je ne vois qu'une solution. Ce serait que Monsieur, ajouta-t-il en montrant la bête humaine, couche dans le lit de Votre Altesse, dans la chambre 147. Je ferai remarquer à Votre Altesse qu'il s'agit d'un lit de deux cent cinquante centimètres de large. Ce qui exclut toute... éventualité de... promiscuité désobligeante. N'est-ce pas ? ajouta-t-il avec un accent vaudois approximatif, car il était de Berne.

— Ya Rarab bi teq ! rehurla la seigneurerie, signifiant qu'il n'était absolument pas question qu'un prince de sang s'allongeât jamais dans les mêmes draps qu'un roturier du même sexe.

Finalement, c'est une petite soubrette espagnole qui trouva la solution. Elle suggéra timidement qu'on mît trois draps dans le lit. Le prince dormirait entre le premier et le deuxième drap. Le gorille entre le deuxième et le troisième drap.

On l'applaudit. On fit comme elle avait dit. Tout le

monde dormit bien cette nuit-là. Le prince n'épousa pas la soubrette, mais il lui fit porter des fleurs tout à fait merveilleuses qui la firent s'évanouir de ravissement.

Cette fable ne vaut que parce qu'elle n'en est pas une. Elle est authentique. Et rassurante, dans la mesure où elle nous prouve qu'on a souvent besoin d'un plus petit que soi pour réussir le clivage des classes sociales dans les contes à dormir couché.

Quant au mois de mars, Ya Rarab bi teq, je le dis sans aucune arrière-pensée politique, ça m'étonnerait qu'il passe l'hiver.

Joëlle

24 février 1986

Avant d'entrer dans le vif du sujet, je voudrais signaler que moi aussi j'ai vu les Césars. Très bien. Toute cette vraie sincérité qui éclate sur les visages de ces gens qui sont si malheureux de ne pas pouvoir partager leur cadeau avec les ouvreuses et les machinistes. Je tenais à en profiter pour remercier France Inter sans qui je serais sur Europe 1. Je voudrais remercier ce micro sans lequel ma voix ne toucherait pas Barbizon. Je voudrais remercier Rika Zaraï de n'être pas venue à cet enregistrement avec Leprince-Ringuet, son amant. Et puis, finalement, je voudrais remercier mon cul d'avoir supporté mes jambes pour venir jusqu'à vous ce soir.

J'ai une enfant douée d'un tempérament très original ; elle regarde Récré A 2, elle a des bisounours, elle aime le chocolat au lait et elle collectionne les autocollants.

Elle passe le plus clair de ses loisirs à m'engluer de tendresse afin que je fasse jouer mes relations dans le milieu des calicots pour lui obtenir, à n'importe quel prix, n'importe quelle sorte de vignettes pourvu qu'elles soient adhérentes sur tous les supports, y compris sur le chat qui, bien que noir de poil et persan d'origine, pour ne pas dire arabe, se promenait hier encore avec un dossard proclamant son soutien à Jean-Marie Le Pen.

Samedi matin, comme cette petite personne rentrait de l'école avec RTL sur le pull et Europe 1 entre les oreilles — quelle honte ! —, je lui signifiais sévèrement ma réprobation pour cet engagement cocardier, quand le téléphone fit quoi ? Sonna.

C'était Joëlle Kauffmann. La femme de Jean-Paul. Je devrais dire la femme sans Jean-Paul. Car elle ne vibre, ne bouge, ne se désole et ne se démène qu'au fond du trou sans fin de cette absence qui lui mange la vie. Elle me demandait de venir, éventuellement, l'après-midi même, sur la péniche amarrée sous le Pont-Neuf, où est installé le comité de soutien à Jean-Paul Kauffmann et aux autres otages. Elle donnerait une conférence de presse à 16 heures pour souligner le début du dixième mois de détention de son mari et de Michel Seurat, du douzième mois pour Fontaine et Carton.

En règle générale, je ne manifeste jamais mes sentiments, mes idéaux, mes combats en public, sauf quand c'est payé. J'ai mes pauvres, j'ai mes déshérités, et j'ai des opinions, mais je m'interdis le plus souvent de les exhiber en public, persuadé qu'il y a toujours une certaine impudeur à montrer son cœur à tous les passants pour pas un rond, alors qu'on se fait rétribuer pour leur montrer son cul...

Et puis, je suis bien trop maladivement individualiste pour manifester à plus de un. Mais, je ne sais pas pourquoi, je ne résiste pas à Joëlle Kauffmann. Elle me bouleverse à force de ne jamais s'effondrer. Elle va faire libérer son bonhomme parce que neuf mois, ça suffit comme ça, faut pas pousser, allons, allons, ouvrez-moi cette porte et brisez-moi ces barreaux. Joëlle Kauffmann me fait penser à une autre femme que je connais qui a un cancer et qui va guérir parce que « la mort, comprenez-vous, je n'ai tout de même pas que ça à faire ».

Une question me hantait : « Chère Joëlle, est-ce que vous distribuez des autocollants sur votre péniche ? » Elle me dit que oui.

J'allai donc à sa conférence de presse. Il faisait un froid bleu sur Paris, et sur la Seine un de ces vents qui pincent et bleuissent et foulent aux pieds les espoirs de monsieur Thermolactyl.

Joëlle nous a fait du vin chaud avec de la cannelle. Il y avait là, tassés comme des oiseaux frileux dans le nid de ce bateau ventru, des journalistes aussi bronzés que célèbres, un architecte émouvant, d'autres journalistes pâles et moins connus, et puis cette poignée de jeunes gens incroyables et bénévoles qui se shootent à l'espoir vrai quand d'autres se fixent à l'héroïne. Joëlle est montée sur le pont pour lire son communiqué à la presse. Elle a le nez rougi par la bise et les yeux pétillants, sombres, farouches du désir d'en finir avec ce calvaire inhumain jonché d'inquiétudes mortelles et du désert de lui. Pendant que les

gens d'Antenne 2 montent leur caméra baladeuse
avant de l'enregistrer, elle me prend par le bras et se
met à rire en regardant le Pont-Neuf... Elle me
raconte que, quand Christo a eu emballé l'ouvrage, il
s'est montré un peu ennuyé de la promiscuité forcée
de son œuvre avec cette péniche placardée de photos
des otages : « Vous comprenez, madame, nous faisons la fête de la joie, et vous, vous nous montrez le
drame, c'est fâcheux. Vous pourriez peut-être aller
plus loin. »

C'est parfaitement authentique, et je signale que
tous les médias étaient au courant de cette anecdote et
qu'aucun n'en a jamais soufflé mot parce que, en
France, terre des couards et des faux-culs, les mêmes
qui se pâment devant *Guernica* vous feront remarquer
qu'on ne mélange pas l'Art et la douleur dans la
même rubrique.

Aux cris de « Libérez Kauffmann et le Pont-Neuf »,
les amis de Joëlle ont fait revenir Christo sur ses
aspirations séparatistes.

Maintenant, Joëlle est sur le pont. C'est plus
qu'une image. C'est une figure de proue. Elle lit d'une
voix forte et décidée :

« Samedi 22 février 1986 : neuf mois de détention
pour Jean-Paul Kauffmann et Michel Seurat, onze
mois pour Marcel Carton et Marcel Fontaine.

» Que signifie pour nous de marquer la date men-
suelle de cette criminelle détention qui ne trouve pas
d'issue ?

» Au-delà de ma propre douleur, je renouvelle,
pour mes enfants et ma famille, un appel désespéré à

tout homme de bonne volonté, ici ou ailleurs, en France et en Europe, en Afrique et au Moyen-Orient, pour contribuer à la libération immédiate de Jean-Paul et de ses compagnons de détention. » Fin de citation, fin du jour, fin du vin chaud. Ce soir lundi est le deux cent soixante-quinzième jour après le premier jour où la vie des Kauffmann s'est mise entre les parenthèses d'acier de la folie des hommes...

Moi, je m'en fous, j'ai mon autocollant.

Et, depuis ce matin, sur le cahier d'écolier où Eluard écrivait ton nom et où j'écris cette chronique, j'ai mis près du tien, Liberté, le nom de Kauff-mann.

Quant au mois de mars, je le dis sans aucune arrière-pensée politique, ça m'étonnerait qu'il passe l'hiver.

La démocratie

3 mars 1986

Est-il en notre temps rien de plus odieux, de plus désespérant, de plus scandaleux que de ne pas croire en la démocratie ?

Et pourtant. Pourtant.

Moi-même, quand on me demande : « Êtes-vous démocrate ? », je me tâte. Attitude révélatrice, dans la mesure où, face à la gravité de ce genre de question, la décence voudrait que l'on cessât plutôt de se tâter. Un ami royaliste me faisait récemment remarquer que la démocratie était la pire des dictatures parce qu'elle est la dictature exercée par le plus grand nombre sur la minorité. Réfléchissez une seconde : ce n'est pas idiot. Pensez-y avant de reprendre inconsidérément la Bastille. Alors que, en monarchie absolue, la loi du prince refuse cette attitude discriminatoire, puisqu'elle est la même pour les *pour* et pour les *contre*. Vous me direz que cela ne justifie pas qu'on aille dépoussiérer les bâtards d'Orléans ou ramasser les débris de Bourbon pour les poser sur le trône de France avec la couronne au front, le sceptre à la main et la plume où vous voudrez, je ne sais pas faire les bouquets.

Mais convenez avec moi que ce mépris constitutionnel des minorités qui caractérise les régimes démocratiques peut surprendre le penseur humaniste qui sommeille chez tout cochon régicide. D'autant plus que, paradoxe, les intellectuels démocrates les plus sincères n'ont souvent plus d'autre but, quand ils font partie de la majorité élue, que d'essayer d'appartenir à une minorité. Dans les milieux dits artistiques, où le souci que j'ai de refaire mes toitures me pousse encore trop souvent à sucer des joues dans des cocktails suintants de faux amour, on rencontre des brassées de démocrates militants qui préféreraient crever plutôt que d'être plus de douze à avoir compris le dernier Godard. Et qui méprisent suprêmement le troupeau de leurs électeurs qui se pressent aux belmonderies boulevardières. Parce que c'est ça aussi, la démocratie. C'est la victoire de Belmondo sur Fellini. C'est aussi l'obligation, pour ceux qui n'aiment pas ça, de subir à longueur d'antenne le football et les embrassades poilues de ces cro-magnons décérébrés qu'on a vus s'éclater de rire sur le charnier de leurs supporters. La démocratie, c'est aussi la loi du Top 50 et des mamas gloussantes reconverties en dondons tisanières. La démocratie, c'est quand Lubitsch, Mozart, René Char, Reiser ou les batailleurs de chez Polac, ou n'importe quoi d'autre qu'on puisse soupçonner d'intelligence, sont reportés à la minuit pour que la majorité puisse s'émerveiller dès 20 heures 30, en rotant son fromage du soir, sur le spectacle irréel d'un béat trentenaire figé dans un sourire définitif de figue éclatée, et offrant des automobiles clé en main à des pauvresses arthritiques sans défense et dépourvues de permis de conduire.

Cela dit, en cherchant bien, on finit par trouver au régime démocratique quelques avantages sur les seuls autres régimes qui lui font victorieusement concurrence dans le monde, ceux si semblables de la schlag en bottes noires ou du goulag rouge étoilé. D'abord, dans l'un comme dans l'autre, au lieu de vous agacer tous les soirs entre les oreilles, je fermerais ma gueule en attendant la soupe dans ma cellule aseptisée. Et puis, dans l'un comme dans l'autre, chez les drapeaux rouges comme chez les chemises noires, les chefs eux-mêmes ont rarement le droit de sortir tout seuls le soir pour aller au cinéma, bras dessus, bras dessous avec la femme qu'ils aiment. Les chefs des drapeaux rouges et les chefs des chemises noires ne vont qu'au pas cinglant de leurs bottes guerrières, le torse pris dans un corset de fer à l'épreuve de l'amour et des balles. Ils vont, tragiques et le flingue sur le cœur. Ils vont, métalliques et la peur au ventre, vers les palais blindés où s'ordonnent leurs lois de glace. Ils marchent droits sous leurs casquettes, leurs yeux durs sous verre fumé, cernés de vingt gorilles pare-chocs qui surveillent les toits pour repérer la mort. Mais la mort n'est pas pour les chefs des drapeaux rouges ni pour les chefs des chemises noires. La mort n'est pas aux fenêtres des rideaux de fer. Elle a trop peur.

La mort est sur Stockholm. Elle signe, d'un trait rouge sur la neige blanche, son aveu d'impuissance à tuer la liberté des hommes qui vont au cinéma, tout seuls, bras dessus, bras dessous, avec la femme qu'ils aiment jusqu'à ce que mort s'ensuive.

Quant au mois de mars, je le dis sans aucune arrière-pensée politique, ça m'étonnerait qu'il passe l'hiver.

La Cour

4 mars 1986

Je me rappelle ce dîner en banlieue chez ce grand amuseur français, c'était, je crois, en 1982, c'est-à-dire à une époque où il était déjà plus célèbre en France que Roland Dubillard ou la bataille de Marignan.

Il m'avait fait l'honneur d'imaginer que j'étais capable de collaborer à l'écriture d'un film qu'il était plus ou moins sur le point de tourner. A cet effet, et aussi, je pense, par pure amitié, il m'avait convié à souper chez lui en toute intimité, c'est-à-dire en compagnie de quatre-vingts parasites nocturnes abonnés quotidiens de sa soupe populaire. Certains hauts personnages accrochent ainsi à leur traîne par altruisme, ou pour se rassurer, des conglomérats gluants d'indécrochables sangsues.

J'en ai vu de ces phagocytaires. J'en ai vu sautiller humblement derrière un écrivain célèbre. J'en ai vu, des cultivés à diplômes, s'aplatir voluptueusement pour mieux flagorner une chanteuse grasseyante plus vulgaire qu'une virgule sur le mur gris des toilettes-hommes de la gare du Nord. J'en ai vu s'accrocher au fauteuil d'infirme d'une vieille star lyophilisée. J'en ai vu ramper sous des pétasses cinégéniques à lolos centripètes.

J'en ai vu, dans le show-bizz, ramper de si peu dignes et si peu respectables qu'ils laissaient dans leur sillage des rires de complaisance aussi visqueux que les mucosités brillantes qu'on impute aux limaces.

Ce soir-là, chez mon hôte, c'en était plein, de la moquette aux baignoires, et jusque sous l'évier où les plus serviles léchaient les serpillières pour avoir l'air utiles. Bref, si cet homme eût été de la merde, ils en eussent été les mouches.

Quand je suis entré dans le séjour, le maître de céans m'entourant les épaules d'un bras affectueux, ils m'ont regardé drôlement. Sous les saluts vibrants de jovialité fraternelle où les gens de ce milieu cachent mal leurs indissolubles haines réciproques, je devinais des regards noirs d'inquiétude. Qu'est-ce que c'est, qu'est-ce qu'il a, qui c'est celui-là, on l'a jamais vu là ?

Et, soudain, j'ai compris avec effarement que j'étais à Versailles, et trois siècles plus tôt. Ça me crevait les yeux : ces sous-punks aux cheveux verts, ces faux loulous qui sentaient les herbes rares et le vin des Rochers chaud, ces intellos d'agences de pub, ces dessinateurs en vogue à l'insolence calculée, ces starlettes argotiques du rock à gogo, ces gens fléchis, courbés, pentus, c'était la Cour.

La Cour de Louis, le grand, le Soleil, celui-là même que l'État c'était lui, rebaptisé Rigolo XIV pour ce siècle un peu plus étriqué. Eux étaient ses courtisans, guettant ses miettes et ses bons mots en forçant leur sourire pour s'attirer ses grâces. Et moi, qu'on n'avait encore jamais vu aux petits soupers du prince, j'étais l'intrus, la menace potentielle de leur avenir improbable, l'importune matérialité d'un favori possible. Car tous avaient à vendre des idées, des chansons, des sketches à deux voix, leur sœur, ou un bateau à voile pour le bon plaisir du roi sur l'eau. Je me rappelle fort bien celui du bateau à voile. Il se tenait accroupi aux pieds du maître assis. Fébrilement empêtré dans les maquettes de ses monocoques, il se débattait sans grâce dans un manteau de fourrure pâle, comme un gros labrador mou flattant les escarpins de son chasseur repu. Lequel ne l'écoutait même pas, car il dormait un peu, l'œil mi-clos, contemplant les volutes exotiques de son mégot de foin des Indes.

Parmi ces soumis, je reconnus quelques chanteurs électroniques qui brament aujourd'hui encore leur indignation face aux injustices de classe.

J'ai pris congé pour aller vomir plus loin.

Quant au mois de mars, je le dis sans aucune arrière-pensée politique, ça m'étonnerait qu'il passe l'hiver.

Le règne animal

5 mars 1986

Mercredi. Rude journée. Pas d'école. Les minuscules sont lâchés.

Ils font rien qu'à embêter les parents qui essaient de faire des chroniques dans le poste. Ils font rien qu'à leur poser des questions idiotes. Tout à l'heure, il y en a une avec du chocolat poisseux plein la figure qui est venue le partager avec mes cheveux sous prétexte de câlin... On ne devrait pas procréer ainsi à l'aveuglette. On devrait élever des poissons rouges.

En plus d'engluer, ça pose des questions idiotes :

— Papa, où c'est, le règne animal ?

Le père est à son ouvrage. Il entend d'une oreille incertaine.

— On ne dit pas « le règne à Nimal ». On dit « le règne de Nimal ».

— La maîtresse, elle a dit « animal ».

Je n'aime pas être contredit par des êtres inférieurs. Surtout quand j'ai tort. Mais puisque nous sommes mercredi et que vous êtes des milliers, chers adorables minus, à traîner à portée des transistors au lieu de vous rendre utiles en défenestrant le chat pour voir si ça rebondit, voici mon cours du soir sur le règne animal. On prend son cahier. On prend son crayon noir. Je ne veux pas de feutre, ça tache le chocolat. En titre : LE RÈGNE ANIMAL. Animal en un seul mot. Imbéciles.

Le règne animal :

L'animal est un être organisé, doué de mouvement et de sensibilité et capable d'ingérer des aliments solides par la bouche, ou à côté de la bouche si c'est du chocolat.

Le règne animal se divise en trois parties :
1) Les animaux.
2) L'homme.
3) Les enfants.

Les animaux sont comme des bêtes. D'où leur nom. Ne possédant pas d'intelligence supérieure, ils passent leur temps à faire des bulles ou à jouer dans l'herbe au lieu d'aller au bureau. Ils mangent n'importe quoi, très souvent par terre. Ils se reproduisent dans les clairières, parfois même place de l'Église, avec des zézettes et des foufounettes.

Les animaux ne savent pas qu'ils vont mourir. C'est pourquoi ils continuent de batifoler quand ils ont 38° 6.

L'homme. Remarquons au passage que si l'on dit

« les animaux » au pluriel, on dit « l'homme » au singulier. Parce que l'homme est unique. De même, nous dirons que les animaux font *des* crottes, alors que l'homme sème *la* merde. L'homme est un être doué d'intelligence. Sans son intelligence, il jouerait dans l'herbe ou ferait des bulles au lieu de penser au printemps dans les embouteillages.

Grâce à son intelligence, l'homme peut visser des boulons chez Renault jusqu'à soixante ans sans tirer sur sa laisse. Il arrive aussi, mais moins souvent, que l'homme utilise son intelligence pour donner à l'humanité la possibilité de se détruire en une seconde. On dit alors qu'il est supérieurement intelligent. C'est le cas de M. Einstein, qui est malheureusement mort trop tard, ou de M. Sakharov, qui s'est converti dans l'humanisme enfermé, trop tard également.

Les hommes ne mangent pas de la même façon selon qu'ils vivent dans le Nord ou dans le Sud du monde.

Dans le Nord du monde, ils se groupent autour d'une table. Ils mangent des sucres lourds et des animaux gras en s'appelant « cher ami », puis succombent étouffés dans leur graisse en disant « docteur, docteur ».

Dans le Sud du monde, ils sucent des cailloux ou des pattes de vautours morts et meurent aussi, tout secs et désolés, et penchés comme les roses qu'on oublie d'arroser.

Pour se reproduire, les hommes se mettent des petites graines dans le derrière en disant : « Ah oui, Germaine. »

Les enfants, contrairement à l'homme ou aux animaux, ne se reproduisent pas. Pour avoir un bébé, il est nécessaire de croire à cette histoire de petite graine. Malheureusement, les enfants n'y croient pas tellement. A force de voir jouer les animaux dans l'herbe aux heures de bureau, ils s'imaginent, dans leur petite tête pas encore éveillée à l'intelligence, qu'il faut des zézettes et des foufounettes pour faire des bébés.

En réalité, les enfants ne sont ni des hommes ni des animaux. On peut dire qu'ils se situent entre les hommes et les animaux. Observons un homme occupé à donner des coups de ceinture à une petite chienne cocker marrante comme une boule de duvet avec des yeux très émouvants. Si un enfant vient à passer, il se met aussitôt entre l'homme et l'animal. C'est bien ce que je disais.

Ce n'est pas une raison pour nous coller du chocolat sur la figure quand nous écrivons des choses légères pour oublier les vautours.

Quant au mois de mars, je le dis sans aucune arrière-pensée politique, ça m'étonnerait qu'il passe l'hiver.

Au voleur

6 mars 1986

Quand je vous aurai dit à quel point je déteste la force publique et les bâtons blancs, les procureurs hépatiques à nuque rase, les barreaux aux fenêtres et les miliciens cramoisi-gévéor tiraillant des chiens-loups démentiels électrisés de haine apprise, quand je vous aurai dit, en somme, l'ampleur de ma dégoûtation pour les lois collectives et les marches forcées, m'écouterez-vous enfin, catafalqueux et gauches intellectuels qui tremblotez sous le joug d'un terrorisme par vous-mêmes suscité, m'écouterez-vous encore, mes bien chers frères, si je vous dis que je hais autant les voleurs que les gendarmes ?

Je ne parle pas tant des voleurs professionnels, braqueurs de banque, perceurs de coffres, garagistes, épiciers, etc., qui, certes, s'emparent malhonnêtement du bien d'autrui, mais qui le font avec une conscience professionnelle sur laquelle bien des jeunes gens honnêtes seraient bienvenus de prendre exemple.

Non, je veux parler des voleurs amateurs qui volent n'importe quoi, n'importe où, n'importe comment, au petit bonheur des portes ouvertes, et qui repartent sans dire merci, en laissant les traces obscènes de leurs pieds boueux sur les draps brodés de grand-mère qu'ils ont jetés à terre pour y chercher l'improbable magot qui sommeille à la banque.

Rappelle-toi, résidu de gouape, reliquat freluquet de sous-truanderie, rappelle-toi cette nuit de printemps où tu es venu polluer ma maison de ton inopportune et minable équipée. Tristement enca-goulé de gris, tu viens dans ma maison, la sueur froide sous le bas noir et la pétoire sous le bras. Infoutu de discerner un vase de Sèvres d'un cadeau Bonux, tu voles au ras des moquettes un vieux sac à main où l'enfant rangeait les billets de Monopoly et ses dents de lait pour la petite souris. Triste rat, tu voles bien bas.

La maison dort, sauf le vieux cocker tordu d'ar-thrite et à moitié aveugle qui rêvasse au salon sur son pouf. Il se lève doucement pour aller te lécher un peu, avec cette obstinée dévotion pour nous qui n'appar-tient qu'aux chiens. Alors toi, pauvre con, tu lui vides en pleine gueule la moitié de ton chargeur de 11,43. Et puis tu files éperdument, veule et cupide gangsté-rillon de gouttière, la trouille au ventre et chiant sous toi, piaillant aux étoiles les salacités vulgaires attra-pées au ruisseau. La nuit résonne encore à mes oreilles du cliquetis métallique de ton sac de toile plein de vaisselle. Et moi je reste là, immobile, à te regarder filer. Parce que j'ai peur aussi. J'avoue. Je renâcle à risquer ma vie pour Arcopal et Duralex. Il y a si longtemps maintenant que j'attends mon cancer : je ne vais quand même pas partir sans lui.

Où es-tu aujourd'hui, grêle terreur des chiens mourants ? Sans doute, courageusement abrité derrière ta quincaillerie militaire, es-tu en train de guetter une petite vieille au coin de sa chambre de bonne, pour lui casser la gueule avant de lui prendre sa carte orange et le cadre en inox avec la photo de ses enfants qui ne viennent plus la voir ?

Je ne te souhaite pas forcément la prison, c'est l'engrais où les âmes pustuleuses et les contaminées s'épanouissent en incurables bubons. Je ne te souhaite pas non plus quelque mort légale qui ferait de toi, infime et dérisoire épouvantail de terrain vague oublié, un héros de chevalerie zonarde pour progressistes illuminés, ou pire encore, une raison de se réjouir pour les nostalgiques des ordres noirs.

En réalité, je ne te souhaite ni ne te veux rien.

Je tiens seulement à ce que tu saches, Al Capone de poubelle, Mandrin de mes couilles à condition qu'on me les coupe, je veux seulement que tu saches que toute la famille se joint à moi pour te prier d'agréer l'expression de mon plus profond mépris.

Quant au mois de mars, je le dis sans aucune arrière-pensée politique, ça m'étonnerait qu'il passe l'hiver.

L'humanité

10 mars 1986

J'aime beaucoup l'humanité.

Je ne parle pas du bulletin de l'Amicale de la lutte finale et des casquettes Ricard réunies.

Je veux dire le genre humain.

Avec ses faiblesses, sa force, son inépuisable volonté de dépasser les dieux, ses craintes obscures des Ténèbres, sa peur païenne de la mort, sa tranquille résignation devant le péage de l'autoroute A6 dimanche dernier à 18 heures.

Il y a en chaque homme une trouble désespérance à l'idée que la brièveté de son propre passage sur terre ne lui permettra pas d'embrasser tous ses semblables et particulièrement Mme Lemercier Yvette, du Vésinet, qui ne sort jamais sans son berger allemand, cette conne.

C'est un crève-cœur que de ne pouvoir aimer tous les hommes.

A y bien réfléchir, on peut diviser l'humanité en quatre grandes catégories qu'on a plus ou moins le temps d'aimer. Les amis. Les copains. Les relations. Les gens qu'on connaît pas.

Les amis se comptent sur les doigts de la main du baron Empain, voire de Django Reinhardt, pour les plus misanthropes. Ils sont extrêmement rares et précieux. On peut faire du vélo avec eux sans parler pendant que le soir tombe négligemment sur les champs de blé, et on n'a même pas mal dans les jambes dans les côtes.

La caractéristique principale d'un ami est sa capacité à vous décevoir. Certes, on peut être légèrement déçu par la gauche ou par les performances de l'AS Saint-Étienne, mais la déception profonde, la vraie, celle qui peut vous faire oublier le goût des grands saint-émilion, ne peut venir que d'un véritable ami. Par exemple, j'ai été déçu hier par mon ami Jean-Louis, qui est pourtant vraiment mon ami, puisque parfois nous ne parlons même pas, même à pied, dans les sentiers de Picardie.

Je venais de lui apprendre que j'avais acquis une petite chienne. Une bergère. Allemande, certes, mais une bergère.

Sans prendre le temps de réfléchir pour ne pas me faire de la peine, il m'a dit en ricanant : « Ah bon ? Un chien nazi ? Tu lui as mis un brassard SS ? J'espère qu'elle n'est pas armée, ta carne ? »

Méchanceté gratuite. Envie gratuite de blesser. Tu sais très bien que tu ne risques rien de cette petite boule de poils. Tu n'es même pas juif. Tu sais très bien que le seul déprédateur, le seul tueur pour le plaisir, la seule nuisance à pattes, se tient sur celles de derrière, afin d'avoir les mains libres pour y serrer son fouet à transformer les chiots en miliciens bavants.

Me faire ça à moi, Jean-Louis, à moi qui suis ton ami. Et qui te l'ai prouvé, puisque, une fois, au moins, je t'ai déçu moi-même.

Les copains se comptent sur les doigts de la déesse Vishnou qui pouvait faire la vaisselle en applaudissant le crépuscule. Ils déçoivent peu car on en attend moins, mais c'est quand même important qu'ils pensent au saucisson quand le temps se remet aux déjeuners sur l'herbe et qu'ils viennent se serrer un peu pour faire chaud quand le petit chat est mort, ou pour faire des révérences à l'enfant nouveau. Les bons copains se comprennent à demi-mot. Il règne entre eux une complicité de tireurs de sonnettes qu'entretient parfois l'expérience du frisson.

Les relations se comptent sur les doigts des chœurs de l'Armée rouge. Mais on sera bien venu de n'entretenir que les bonnes, celles sur lesquelles on peut s'appuyer sans risquer de tomber par terre.

Quand on n'a pas de glaïeuls, certaines relations peuvent faire très joli dans les soirées mondaines, à condition qu'elles soient célèbres ou stigmatisées de la Légion d'honneur. Il suffit alors de les appeler coco et de les embrasser gaiement, comme si on les aimait, et comme cela se fait dans mon milieu. Le commun ne manquera pas de s'esbaudir.

Il arrive que certaines relations soient susceptibles

de se muer en amitiés, mais le temps n'a pas tout le temps le temps de prendre à temps le temps de nous laisser le temps de passer le temps.

Parmi mes relations, je compte un ministre en fin d'exercice qui m'a demandé un soir l'autorisation de s'asseoir à ma table, dans un pince-fesses pompeux, pour ne pas être assis à côté de Dalida. C'est devenu une relation. Une camaraderie assez chaleureuse, encore qu'elle ne s'appuie que sur une prédilection commune, un peu futile, pour la bonne chanson française.

Les gens qu'on connaît pas, les doigts nous manquent pour les compter. D'ailleurs, ils ne comptent pas. Il peut bien s'en massacrer, s'en engloutir, s'en génocider des mille et des cents chaque jour que Dieu fait (avec la rigueur et la grande bonté qui l'ont rendu célèbre jusqu'à Lambaréné), il peut bien s'en tronçonner des wagons entiers, les gens qu'on connaît pas, on s'en fout.

Le jour du récent tremblement de terre de Mexico, le gamin de mon charcutier s'est coupé un auriculaire en jouant avec la machine à jambon. Quand cet estimable commerçant évoque aujourd'hui cette date, que croyez-vous qu'il lui en reste ? Était-ce le jour de la mort de milliers de gens inconnus ? Ou bien était-ce le jour du petit doigt ?

Je verrais bien une cinquième catégorie où s'inscrirait, unique, la femme qu'on aime sur le bout des doigts. Parce qu'on la connaît par cœur.

Quant au mois de mars, je le dis sans aucune arrière-pensée politique, ça m'étonnerait vraiment qu'il passe l'hiver.

Les cèdres

12 mars 1986

   Nous irons au Mexique pour voir trembler la terre quand les fêlés du ballon s'éjaculent des vestiaires.

   Nous irons à Rio compter les enfants pauvres avant d'aller danser en bermuda résille.

   Nous irons à Moscou faire de la planche à voile sur la Moskova bleue à portée des étoiles.

   Nous irons à New York sucer des sorbets mous au fond d'un taxi jaune derrière un nègre roux.

   Nous irons à Jérusalem comme à Berlin nous lamenter au pied du mur.

   Nous irons à Colombey en chemise au nouveau son des deux églises.

Nous irons à Vichy dans la rue maréchale goûter les eaux thermales avec Anne-Sophie.

Nous irons, mon colon Bigeard, filmer l'ultime colon bêcheur à Colomb-Béchar...

Nous irons au fond du désert compter les bouts d'hélicoptère oubliés cet hiver sous la poussière automobile.

Nous irons à Cuba pêcher la langouste, nous irons à Lorient pêcher le hareng.

En revenant de Glasgow, nous irons à Bruxelles-Grand-Place baiser en parachutistes à l'hôtel Amigo dans la chambre à trois glaces, go.

Nous irons au fond des Carpates pour frissonner au loup-garou et voir s'enfiler les blattes dans le cimetière aux hiboux.

Nous irons à Tananarive, pour voir si ta nana revient.

Nous irons un de ces jours, c'est sûr, mon amour, avec l'A.S. Oradour aux Jeux d'été d'Hiroshima.

Nous irons à Pékin pour bouffer chez Maxim's et pour voir si la Chine commence à s'habiller Cardin.

Aux heures méditerranéennes, nous irons à Ibiza défoncer des Norvégiennes en chantant Mélissa.

Nous irons au sud du Portugal où chaque été des Anglais vieux viennent se shooter au Gardénal dans des palais ignominieux.

Nous irons au bout du monde. Et jusqu'à Paris-sur-Seine, où la Tour est folle, et la Joconde en bois, ce qu'on sait peu.

Nous irons au bout du monde, mais...

Nous n'irons plus au Liban, les cèdres sont coupés, les enfants que voilà ne savent plus chanter.

Quant au mois de mars, je le dis sans aucune arrière-pensée politique, j'en ai rien à foutre qu'il passe ou pas l'hiver.

Le fil rouge

14 mars 1986

Le type qui a inventé l'espèce de fil rouge autour des portions de crème de gruyère, on peut pas le tuer, quand même.

C'est pas possible qu'il l'ait fait exprès... Je veux bien qu'il y ait, dans les services de renseignements, des brutes professionnelles qui inventent des systèmes de torture extrêmement sophistiqués. Mais même les pires d'entre eux ont leur raison. Il ne leur viendrait pas à l'idée de griller électriquement les testicules d'un fonctionnaire assermenté pour de simples raisons ludiques. Ils ne s'y résolvent que poussés par la raison d'État, dans le but, par exemple, de découvrir les microfilms sur lesquels figurent les plans de la nouvelle machine à électrifier les quéquettes au laser...

Mais le type qui a inventé l'espèce de fil rouge autour des portions de crème de gruyère, c'est pas possible qu'il l'ait fait exprès. Il connaît même pas les gens qui aiment manger des portions de crème de gruyère. Je veux dire : qui aimeraient manger des portions de crème de gruyère. Ne les connaissant pas, il n'a aucune raison de leur en vouloir à ce point.

La sensibilité, le simple bon sens se révoltent jusqu'à refuser l'idée même de certaines actions inhumaines. On a du mal à croire qu'une mère ait pu jeter elle-même son petit garçon dans une rivière. Elle est intolérable, l'image de cet enfant enfermé dans un sac, attaché, si ça se trouve, avec une espèce de fil rouge, vous savez, comme celui qu'il y a autour des portions de crème de gruyère.

Un psychanalyste vous dirait sans doute que ce type — le type qui a inventé l'espèce de fil rouge autour des portions de crème de gruyère — a des tendances sadiques. Il est vrai que cette idée incroyable de faire des nœuds coulants à des laitages qui ne vous ont rien fait peut à première vue relever d'une certaine forme de perversion. Mais bon. Ça ne prouve pas que ce type soit un sadique. Le vrai sadique, pour avoir son plaisir, il faut qu'il assiste *de visu* à la douleur de l'autre. Mais lui, le type qui a inventé l'espèce de fil rouge autour des portions de crème de gruyère, il n'est jamais là pour se rincer l'œil quand je me relève affamé à trois heures du matin avec, au ventre, l'espoir insensé de me faire une petite tartine de crème de gruyère...

Alors, qui est-il ? Peut-être qu'il m'entend. La haine aveugle n'est pas sourde. Peut-être qu'il est dingue, ce type. Peut-être qu'il est dingue de père en fils. Si ça se trouve, c'est une forme d'aliénation mentale plus ou moins héréditaire. Peut-être que son père, c'est le type qui a inventé l'espèce de papier collant autour des petits-suisses ? Peut-être que sa mère, c'est la pétasse qui a inventé le chocolat dur qui tient pas autour des esquimaux ? Peut-être que son grand-père, c'est le fumier qui a inventé la clef qui casse le bout'des petites languettes des couvercles de sardines, en complicité avec le pourri qui met de l'huile jusqu'à ras bord des boîtes ?

Peut-être que sa grand-mère, c'est la salope qui a inventé le suffrage universel ?

Quant au mois de mars...

Misères

21 mars 1986

Il y a misère et misère.

Il y a la misère éclatante qu'on nous trompette avec fracas, qui s'étale à nos unes et s'agrippe à nos remords, qu'on nous sert dans la soupe et qui nous éclabousse. C'est la faim fiévreuse des agonisants sur le sable, et les maladies rongeuses, la lèpre avec moignon sur rue, et le crabe invaincu, le crabe aux pinces noires à nous manger le ventre, et les génocides, un peu trop loin pour qu'ici l'on soupire, mais les génocides bien sûr, et la pauvreté des villes aux usines fermées, et les enfants d'Orient, moins hauts que leurs fusils, qu'on fait trotter au front.

Et puis, il y a la misère de série B qui ne vaut pas le détour. D'ailleurs, on ne la voit même pas. C'est la détresse bien mise de la vieille fille au cul déshérité n'ayant su que s'asseoir. C'est la panique extatique du vieillard rhumatisant qui ne sait plus s'extraire de son taxi tout seul.

C'est la misère des petites annonces. Pas forcément des petites annonces du cœur, du sexe ou de l'âme. Voyez celle-ci qui m'est tombée sous l'œil par hasard, dans la rubrique « divers ventes » d'une revue spécialisée dans les métiers du spectacle.

« A vendre mannequin ventriloquie. Système américain invisible, garçonnet de 6 ans, vrais cheveux, smoking bleu nuit, vernis noirs. Matériel de professionnel. Prix 12 000 Frs. Vendu avec corbeau très comique 85 cm, prix 1 000 Frs. »

Suivaient un nom et un numéro de téléphone.

La ventriloquie avec marionnette est une attraction qui prolongea pendant quelques années à la télévision l'engouement qu'elle avait suscité au temps du cinéma des familles où elle avait tout loisir de s'exprimer entre les esquimaux et le documentaire. A deux pingouins près, bien peu de ces phénomènes connurent un véritable vedettariat. Les plus doués, ou les plus chanceux, survivent encore dans les cabarets emplumés où le personnel zélé profite du peu d'intérêt qu'ils suscitent pour renouveler les consommations pendant que les girls changent de cache-sexe.

Généralement, l'humour suranné de ces fantaisistes hypogastriques met en boîte des chanteurs morts sous Pétain, ou un ministre de la IVᵉ République qui aurait fait un bon mot au moment des conflits sociaux de 1947. Ou bien encore, exhumant de leur mémoire en chômage des velléités de satyre contre la guerre des sexes, raniment-ils soudain l'anachronique conflit entre le gendre et la belle-mère. Le tout servi, avec une voix de canard meurtri insultante aux portes qui grincent, à des publics texans ou nippons accourus en ces lieux pour voir bouger des culs pailletés.

Alors, un soir, ou bien plutôt à l'aube, en sortant du Paris-Folies par la porte de derrière, pour que les belles dames et les messieurs bien mis ne voient pas les marques pelées de sa misère sur son manteau de drap, le ventriloque se dit qu'il en a marre. Il ouvre sa voiture-gamelle pour rentrer à Saint-Denis. A la place du mort, il dépose avec douceur le pantin rigolard qui s'appelle Philémon, quelquefois Roudoudou. Ce soir, il oublie de lui attacher sa ceinture, mais il lui demande, comme ça, par réflexe, et puis d'ailleurs il n'a personne d'autre à qui parler : « Et toi, Philémon, t'en as pas marre de faire le con tous les soirs de la vie pour ces gens qui s'en foutent ? »

Le ventriloque et son pantin n'iront plus au Paris-Folies. Le ventriloque ira vivre chez son fils Aramis qui a réussi dans les affaires. Il habitera dans le petit pavillon au fond du parc à Saint-Rémy-lès-Chevreuse. L'été, il soignera les roses et gardera les meubles de style et les grands crus classés, quand les enfants seront aux îles. L'hiver, il attendra l'été. Et, comme il a sa dignité, il va vendre le pantin Philémon pour pouvoir s'acheter du mazout.

Alors, le ventriloque prend dans ses bras le pantin Philémon, qui est son enfant. C'est lui qui l'a fait, c'est lui qui lui a collé les vrais cheveux, un à un, c'est lui qui lui a cousu le smoking bleu nuit et le système américain invisible. Il l'allonge doucement sur la table à repasser. Avec une brosse à dents, la même depuis trente-cinq ans, monsieur, il fait briller une dernière fois les vernis noirs.

Et puis, avec toujours la même délicatesse, il couche le pantin Philémon à côté du corbeau très comique de quatre-vingt-cinq centimètres, dans la mallette satinée qui leur servait jadis pendant les tournées des cinémas de campagne. Et il ferme lentement le couvercle qui claque à peine, dans un chuintement ouaté. C'est comme un bruit définitif de cercueil élégant.

Et le ventriloque se lève. Il se sent vieux. Il téléphone aux petites annonces avec une voix de canard.

Quant au mois de mars, je le dis sans aucune arrière-pensée printanière, je ne serais pas autrement surpris d'apprendre qu'il a passé l'hiver pas plus tard qu'aujourd'hui.

Les compassés

24 mars 1986

On ne rit vraiment de bon cœur que dans les cimetières. Ainsi, au spectacle quasi funèbre de ce premier Conseil des ministres de samedi dernier, mes enfants, mon chien et moi-même avons-nous été secoués d'une crise inextinguible de franche hilarité. On n'oubliera jamais cette table immense et nue, cernée de toutes ces plantes en pot cravatées de sombre, et costumées de gris, ni ces faciès compassés, présents et à venir, ni cette poignante détresse émanant de ces gens dont la plupart se sont pourtant débattus pendant vingt ou trente ans, au risque d'y laisser leur honneur ou leurs amours, dans le seul but d'être là un jour, posés sur leur cul, dans du velours, sur les petits trônes instables de leurs petits pouvoirs fragiles.

« La gravité est le bonheur des imbéciles », disait Montesquieu, dont l'œuvre inspira la Constitution de 1791, c'est dire s'il avait oublié d'être con. Voilà une maxime qu'on serait bien venu de déployer sur une banderole à chacune de ces réunions de pingouins emministrés, comme au-dessus des monuments aux morts et des cours d'honneur, où des remetteurs coincés de médailles posthumes décochent des bisous mous sur les joues des veuves de flics.

« La gravité est le bonheur des imbéciles. » Ce ne sont pourtant pas des imbéciles, tous ces coincés de samedi matin. Ce sont tous, à un titre ou à un autre, les élus du peuple, et trente-sept millions et demi de connards ne peuvent pas se tromper.

Non. Ce ne sont pas des imbéciles. S'ils avaient l'air grave sur cette photo de famille insoutenable, c'est parce que, pour reprendre l'expression de l'inventeur de la dératisation par l'emploi des laxatifs, ils se faisaient chier comme des rats morts. Ils s'ennuyaient avec une intensité inconnue sur l'échelle du regretté Richter, ils s'ennuyaient comme un cercueil s'ennuie sous l'oraison dernière, ils s'ennuyaient comme s'ennuie l'eunuque distrait égaré au Ciné-Barbès à la dernière séance de *Prends-moi par les deux trous*.

Mais pourquoi s'ennuyaient-ils ? L'instant d'avant, d'avant qu'ils ne se fussent assis en lune pour les photographes, que s'était-il passé ? De nombreux journalistes ont observé que, sur le perron de l'Élysée et dans la cour, l'atmosphère avait été beaucoup plus sereine et détendue. Je ne pense pas trahir un secret d'État en rapportant quelques bribes de conversation échangées à ce moment-là entre le Président de la République et le nouveau Premier ministre qu'il s'est offert. Je veux dire qu'il s'est payé. Du moins va-t-il essayer de se le payer.

CHIRAC : Fait pas chaud.

MITTERRAND : Non, on peut pas dire.

CHIRAC : En plus, c'est couvert.

MITTERRAND : Ça va peut-être se lever ?

CHIRAC : Faut espérer.

MITTERRAND : Oui.

CHIRAC : Il vaut mieux un bon petit froid sec qu'une mauvaise petite pluie fine.

MITTERRAND : C'est ce que je dis toujours.

CHIRAC : L'humidité, ça transperce.

C'est alors qu'ils se sont assis, le Président, le Premier ministre et les ministres en second et les petits ministres. Au début, ils ont continué à échanger des idées d'ordre général. On a même ri, quand Édouard Balladur a suggéré qu'on pourrait nationaliser les antiquaires. Alors ? Alors il s'est produit, juste avant l'entrée des caméras, quelque chose d'insolite et de désolant qui a fait brutalement basculer cette bonhomie confraternelle dans la plus obséquieuse patibularité fratricide. A l'heure où je vous parle, trois hypothèses circulent dans les couloirs de l'Élysée et de Matignon. Je vous les soumets en toute objectivité, cela va sans dire :

1) Le Président a dit à Léotard qu'il avait le look séminariste et l'air évêché. Le jeune ministre de la Culture a répondu : « C'est celui qui le dit qui y est. »

2) Charles Pasqua, dont l'élévation de pensée peut parfois surprendre, a raconté l'histoire du mec qui en a trois.

3) Enfin, et c'est l'hypothèse la plus plausible, Jacques Chirac, qui venait de se baisser pour renouer

son escarpin, s'est écrié soudain : « C'est quoi, le paquet sous la table ? »

Quoi qu'il en soit, il faut qu'on cohabite, pour reprendre le cri d'amour du crapaud.

Quant à ces féroces soldats, je le dis, c'est pas pour cafter, mais y font rien qu'à mugir dans nos campagnes.

La baignoire aux oiseaux

26 mars 1986

Il était une fois une dame qui s'appelait Loisel, et qui aimait les oiseaux. Même que c'est vrai et que c'est ma copine, et si nous nous voyons moins, c'est la vie, que voulez-vous, les chemins, parfois, se croisent et, d'autres fois, divergent et divergent, c'est beaucoup pour un seul homme.

Elle s'appelait Loisel à l'imparfait de l'indicatif, mais on garde toujours son nom de jeune fille, surtout quand on s'appelle Loisel, et donc elle aimait les oiseaux et elle les aime encore, et elle s'appelle toujours Loisel, mais vous pouvez l'appeler Madeleine au présent de l'indicatif.

Or, vous allez voir comme le bon Dieu exagère, les amours de Madeleine et des oiseaux finissaient toujours tragiquement. Pour les oiseaux. Pas pour les chats. Car j'oubliais de vous dire que Madeleine n'aimait pas seulement les oiseaux, mais aussi toutes sortes d'animaux à poil, dont certains, fins gourmets ornithophages, n'ont jamais caché leur prédilection atavique pour l'hirondelle melba, ou le rouge-gorge tartare servi dans sa plume.

En plus des chats, elle avait des belettes et des petits lapins. Et des chiens louches ou borgnes arrachés au ruisseau, dont l'un, si véritablement épouvantable, qu'on eût dit le fruit des amours contre nature entre une serpillière écorchée et quatre pieds de tabouret de prison. Il répondait rarement, et d'une voix de chiotte, au nom de Badinguet, ultime insulte posthume que le père Hugo lui-même n'eût point osé servir au petit Napoléon.

Hormis les petits lapins, tous ces fauves de basse extraction plébéienne se prélassaient dans le farniente, la débauche et la reniflette subcaudale, dans la jolie maison forestière de Madeleine. Ils présentaient un danger permanent pour la pie-grièche, le geai goguenard et la bergeronnette fouille-merde, bien obligés de partager le même logis. Et sans le moindre garde-fou, car leur hôtesse se refusait à les mettre en cage pour qu'ils pussent s'adonner sans entrave à leurs séances d'expression corporelle.

Aussi Madeleine prenait-elle bien soin de séparer les à-plume des à-poil, avant de partir chaque matin pour son travail, d'où elle ne rentrait qu'à la nuit, les bras chargés de fémurs de vaches et de sacs de grains d'orge.

Seuls, les petits lapins étaient autorisés à cohabiter avec les oiseaux, en vertu de l'adage cher au chasseur à pied, qui dit en substance qu'on n'a jamais vu un lapin, même bourré à l'alcool de pruneaux, débusquer le plus petit gibier à plume.

Or, un beau matin de printemps où, contre toute attente, mars avait passé l'hiver, Madeleine, en ouvrant ses volets, entendit un infime mais poignant *piou-piou-piou* qui semblait monter du gazon encore lumineux de la rosée de l'aube.

C'était un ersatz de moineau échevelé, avec un cou vilain comme une quéquette anémiée, qui s'était cassé la gueule en se penchant du nid pour voir si Newton avait raison.

Le cœur de Madeleine se mit à saigner, ses joues s'inondèrent de larmes. Elle courut sauver le pauvre oisillon qu'elle enferma doucement au creux de sa main où il put enfin chier au chaud entre ses doigts câlins.

Il fallait bien vite trouver un abri sûr, pour ce nouveau petit protégé. Mais z-où, car c'est plus beau que mais hoù ? Des bestiaux, il y en avait partout. Outre Badinguet et les trois monstres saucissonnoïdes à poil dur issus d'une bergère allemande de l'Est réfugiée politique dans les Deux-Sèvres, la salle de séjour comptait un lévrier tripode, deux chats dissidents siamois, une tortue balinaise mange-crapauds, des crapauds donc, et un tatou qui sniffait les termites et les buffets Henri II. Dans la cuisine, un basset handicapé physique (il faisait un mètre quatre-vingts au garrot) jouait à casse-bouteilles avec un castor au chômage depuis qu'il s'était niqué la queue dans la porte du garage.

Un chevreuil qu'on appelait Pipi Luke (il pissait plus vite que son ombre) éclaboussait la chambre d'amis en cabriolant sur la moquette gorgée de ses flaques.

Les oiseaux gardaient le bureau de Madeleine, dont ils avaient assuré la décoration des meubles et des sols dans le plus pur style tachiste de la période fiente. Craignant qu'ils ne prissent l'intrus pour un lombric à plume, tant il est vrai que Chaval avait raison : « Les oiseaux sont des cons », il ne restait plus à sainte Mado d'Assise que de reléguer le bébé moineau dans la salle de bains.

Là, il serait à l'abri, avec pour seul compagnon un gentil petit lapin blanc de Prusse (il avait les yeux bleus), qui avait pris ses habitudes dans la baignoire où il aimait s'écouter crottiner sur la faïence entre deux bâfrées de luzerne.

Madeleine installa une grosse boule de coton hydrophile blanc pour faire un petit nid douillet dans le porte-savon, elle y déposa doucement le fœtal emplumé, le couvrit de baisers passionnés, salua le lapin, et s'en fut à la ville pour y gagner son Canigou.

Lorsqu'elle rentra à la nuit tombée, tout semblait en ordre dans la maison, je veux dire que le désordre avait l'air normal dans la ménagerie.

Rien n'avait changé dans la salle de bains.

Au fond de la baignoire, le lapin posait, sur tout et sur rien, son œil ahuri de lapin, et ruminotait à petits coups de nez un chewing-gum imaginaire.

L'oiseau, en revanche, donnait des signes d'épuisement. En le sortant de son nid, Madeleine poussa un cri d'effroi. Il n'avait plus de pattes... Il avait dû les laisser dépasser à travers la grille du porte-savon, et le lapin, que les âmes sensibles me pardonnent, le lapin, de nature grignoteuse, les lui avait bouffées.

Oyez mon conseil, bonnes gens : si jamais l'on vous pose un lapin, prenez votre pied tout seul.

Quant à ces féroces soldats, je le dis, c'est pas pour cafter, mais y font rien qu'à mugir dans nos campagnes.

Psy

28 mars 1986

Depuis pas loin d'un siècle qu'une baderne autrichienne obsédée s'est mis en tête qu'Œdipe voulait sauter sa mère, la psychanalyse a connu sous nos climats le même engouement que les bains de mer ou le pari mutuel urbain.

On a beau savoir pertinemment que la méthode d'investigation psychomerdique élucubrée par le pauvre Sigmund n'est pas plus une science exacte que la méthode du professeur Comédon pour perdre trente kilos par semaine tout en mangeant du cassoulet, ça ne fait rien, la psychanalyse, c'est comme la gauche ou la jupe à mi-cuisse, c'est ce qui se fait maintenant chez les gens de goût.

Ce scepticisme à l'égard de la psychanalyse, mais aussi de la psychologie et de la psychiatrie qui s'y réfèrent de plus en plus, me vient, selon mes docteurs, des données de base primaires d'un caractère brutal et non émotif qui me pousse à manger le pilon du poulet

avec les doigts ou à chanter l'ouverture de *Tannhäu-
ser* dans les moments orgasmiques.

Voici une histoire vécue, où le prestige des psy en
prend plein le subconscient. Ma copine Betty Sartou,
mère de famille à ses moments pas perdus pour tout le
monde, a connu le malheur d'accoucher d'une espèce
de surdoué qui s'appelle Grégoire, comme les moins
cons des papes, mais c'est une coïncidence. A cinq ans
et demi, ce monstre donnait des signes alarmants
d'anormalité. Notamment, il préférait Haendel à
Chantal Goya, il émettait des réserves sur la politique
extérieure du Guatemala et, surtout, il savait lire
malgré les techniques de pointe en vigueur à l'Éducation nationale.

Devant ce désastre, la maman et la maîtresse
d'école estimèrent d'un commun accord que Grégoire
était un mauvais exemple pour ses collègues de la
maternelle, et qu'il serait bienséant de le jeter préma-
turément dans le cours préparatoire. Oui, mais à
condition, dit l'Éducation nationale, que Grégoire
subisse de la part d'un psychologue, par nous choisi,
les tests en vigueur en pareille occasion. Au jour dit,
mon amie Betty et son super minus se présentent au
cabinet du psy, en l'occurrence une jeunesse binoclée
de type « Touche pas à mon diplôme ». On prie la
maman de rester dans la salle d'attente. Vingt-cinq
minutes plus tard, la psychologue dont le front
bouillonnant se barre d'un pli soucieux libère le gamin
et accueille la mère.

— Votre fils Grégoire peut sauter une classe. Il en
a la maturité. Il a parfaitement réussi les tests de
latéralisation (en gros, cela signifie que si on lui

présente une cuillère, il aura tendance à l'attraper plutôt avec sa main droite qu'avec son pied gauche). Malheureusement, je ne vous cacherai pas qu'il semble souffrir de troubles affectifs probablement dus à … un mauvais climat familial. Voyez le dessin qu'il vient de réaliser. Je lui avais demandé de dessiner papa et maman. C'est assez clair, non ?

L'enfant avait dessiné un père gigantesque, dont la silhouette occupait toute la hauteur de la page, alors que la mère lui arrivait à peine au plexus.

— Pour moi, c'est clair, soupira la psy. Cet enfant marque une tendance à la sublimation de l'image du père, tendance subconsciemment contrecarrée par une minimisation anormale de l'image et donc du rôle de la mère dans le contexte familial. Je ne vois malheureusement pas d'autre explication.

— Moi, j'en vois une, dit Betty. Mon mari mesure un mètre quatre-vingt-treize et moi un mètre quarante-sept.

Quant à ces féroces soldats, je le dis, c'est pas pour cafter, mais y font rien qu'à mugir dans nos campagnes.

Les rigueurs de l'hiver

4 avril 1986

Papyvole, la charmante chanson gérontophobe de Pierre Perret, est encore trop tendre avec les vieux. C'est vrai que les prégrabataires nous escagassent l'oreille interne avec leurs jérémiades rhumatismales. Mais le pire est que, entre deux gémissements, ils retrouvent toujours quelque regain d'énergie pour nous assener, avec quelle suffisance dans le tremblotement, les recettes frelatées de leur prétendue sagesse ancestrale. C'est très pénible. Tout le monde n'a pas, comme moi, la chance d'avoir perdu ses parents à Lourdes. (Ils avaient voulu se baigner dans le grand bain avec leur chaise roulante.)

Les orphelins n'imaginent pas l'acharnement à survivre dont sont capables certains octogénaires pour le seul plaisir de raconter leurs congés payés au Tréport en 36 à des gens qui s'en foutent. Ça dort à peine trois heures par nuit, ça consomme cent vingt-cinq grammes de mou par jour, ça ne tient pas mieux debout qu'un scénario de Godard, mais ça cause. Aux giboulées, l'index hésitant pointé sur le bas-monde, ça cause par dictons : « Noël au balcon, Pâques aux tisons », « Noël en Espagne, Pâques aux rabanes », « Froid de novembre, cache ton membre ».

Il va sans dire que ces dictons ne s'appuient sur aucune autre réalité que la sagesse populaire. Et la sagesse populaire, on connaît. C'est elle qui a élu Hitler en 33, c'est elle qui va au foot à Bruxelles, c'est elle qui fait grimper l'indice d'écoute de « Porte-Bonheur ».

A propos, j'ai rapporté du Québec, en même temps qu'un léger ras-le-bol des grands espaces, une histoire de dicton tout à fait édifiante.

Cela se passait au début du siècle, dans les montagnes Abitoubica qui culminent à pas mal de mètres, au-dessus des verts pâturages des Laurentides où les trappeurs trapus trappaient très peu mais bien. Un jour de froid novembre 1908, Pierre Petitpierre, le plus trapu d'entre eux, se mit en peine de couper du bois pour l'hiver approchant. Comme il redescendait de la montagne Abitoubica en retenant son traîneau à cheval chargé de deux troncs de sapins, il rencontra Ragondin Diminué, le vieil Indien de la tribu Ouata-vulanana, qui allumait son calumet, accroupi sur un rocher moussu en forme de département des Deux-Sèvres.

Quand Pierre Petitpierre s'arrêta à sa hauteur pour le saluer, Ragondin Diminué releva sa vieille tronche fripée de tortue sèche que soixante-quinze étés et soixante-seize hivers avaient sillonnée de mille crevasses, car il était né en octobre, ça nous fait donc un été de moins. Il huma la bise glacée qui sifflait du Nord à la vitesse d'une 305 Peugeot bleu marine, hocha par trois fois la tête, leva la main droite sans dire « je le jure », et lança d'une voix grave :

— Hug, Hug. Hiver prochain être rigoureux.

Pierre Petitpierre se dit que le vieil Indien, dont la race habitait ces montagnes bien des siècles avant l'élection de Miss Saucisse de Toulouse par Dominique Baudis, avait une expérience suffisamment sûre de ces climats austères pour qu'on le prît au sérieux.

Rentré chez lui, il dit à Marion Chapdeplomb, sa femme bien-aimée :

— C'pas pour dire, mais j'crois vraiment qu'faut qu'j'retourne là-bas pour couper d'autres sapins, l'Indien prétend qu'l'hiver sera rude.

— Prends-moi là tout de suite, dit Marion Chapdeplomb que l'odeur de résine embrasait.

Le lendemain, après avoir rentré son bois dans la remise, Pierre Petitpierre retourna dans la montagne Abitoubica. Cette fois-ci, pour faire bonne mesure, il coupa huit troncs. Comme il redescendait épuisé, il tomba nez à nez avec Ragondin Diminué qui allumait son calumet, assis sur une fourmilière. Le vieil Indien, une fois de plus, releva sa vieille tête susdécrite, renifla le vent du Nord, secoua trois fois la tête, leva la main droite sans dire « Heil Hitler », et lança d'une voix grave de fossoyeur déprimé :

— Hug, Hug. Hiver prochain être très rigoureux. Aïe, ajouta-t-il, car c'étaient des fourmis rouges.

— C'pas pour dire, mais j'crois vraiment qu'faut

qu'j'y retourne ostie, tabernacle, dies irae, sanctus sanctus, dit Pierre Petitpierre à sa femme.

— Prends-moi là tout de suite, dit Marion Chapde-plomb, l'odeur de résine a fait rien qu'à m'embraser derechef.

Le lendemain, après avoir rangé ses huit nouveaux troncs dans la remise, Pierre Petitpierre débita douze autres sapins dans la montagne Abitoubica. Quand il le vit passer, le vieux Ragondin Diminué refit ses simagrées de western enneigé de série B, avant de lancer d'une voix de parking souterrain :

— Hug, Hug. Hiver prochain être très très très rigoureux. Oh oui, ajouta-t-il, car il était assis sur une bitte d'amarrage du *Mayflower* que le cyclone Josefa avait malicieusement déposée là.

— Mais enfin tout de même, ostie, Kyrie eleison, s'énerva le trappeur. Comment ça s'fait don que tu peux savoir à c't'heure que l'hiver y s'ra rigoureux, vieil Indien ?

— Ça facile, éructa le fossile à plume. Dicton indien dire : « Quand homme blanc couper beaucoup bois, ça vouloir dire hiver être très rigoureux. »

Quant à ces féroces soldats, je le dis, c'est pas pour cafter, n'empêche qu'y font rien qu'à mugir dans nos campagnes.

De cheval

7 avril 1986

Un ami hypersensible m'est revenu des antipodes sens dessus dessous.

Pour avoir assisté, dans la banlieue de Melbourne, aux finales du championnat de lancement de nains sur matelas. Il dit que ce n'est pas drôle, et de nombreux nains ne sont pas loin de partager cet avis.

Il me semble en effet qu'il serait plus amusant de lancer des jockeys. D'autant que ce serait une bonne action. J'en ai parlé à mon cheval. Il opine. Les jockeys ne se doutent pas à quel point les chevaux les détestent. En réalité, les jockeys ne comprennent rien aux chevaux. Je regardais l'autre jour sur Canal +, avec un certain ébahissement, M. Yves Saint-Martin, qui n'est pourtant pas la moitié d'un con, occupé à flagorner une jument dans les allées cavalières de Chantilly.

— Oh, la grosse mémère. Oh, voui c'est la grosse mémère. Elle est mimi la mémère, minaudait-il en flattant l'encolure de l'ongulée.

Car les chevaux sont tous des ongulés. Mais ce n'est pas une raison pour les prendre pour des cons.

M. Saint-Martin avait beau dire à la caméra, l'œil mouillé de tendresse, qu'il aimait les chevaux d'amour, la jument n'y croyait pas du tout. Mon cheval re-opine.

— Pour quelle raison, dit-il, des animaux comme moi, que Dieu a créés pour qu'ils broutent et baisent à l'aise dans les hautes herbes, se prendraient-ils soudain d'affection pour des petits nerveux exaltés qui leur grimpent dessus, les cravachent et leur filent des coups de pied dans le bide dans le seul but d'arriver les premiers au bout d'un chemin sans pâquerettes, pour que les chômeurs puissent claquer leurs assédiques le dimanche ? En réalité (c'est toujours mon cheval qui parle), les jockeys aiment les chevaux comme les charcutiers aiment les cochons. C'est un amour dénaturé, pervers, qui pousse le charcutier, tronçonneur de gorets s'il en est, à signaler la présence de sa boutique par un cochon en bois hilare ceint d'un tablier blanc. Et c'est le même anthropomorphisme malsain qui incite des publicitaires tordus à vendre des épices par le biais du spectacle effroyable d'un bœuf complètement taré et tout à fait ravi à l'idée qu'on va le bouffer avec de la moutarde, mais pas avec Amora, parce que, meugle-t-il : « Il n'y a que Maille qui m'aille. » Et les chasseurs, mon cher Pierre, qui affirment sans rire qu'ils chassent parce qu'ils aiment la nature. Peut-on entendre propos plus consternant de sottise dans la bouche d'un homme ?

— Tu as raison, Reviens, lui dis-je (car mon cheval s'appelle Reviens, je le précise à l'intention des

éventuels bouchers hippophagiques qui auraient survécu à la récente épidémie de piroplasmose). Tu as
raison, Reviens, mais plus dégénéré que le chasseur,
il y a. Il y a le pêcheur qui affirme que le chasseur est
un tueur sans pitié, alors que lui-même accroche par
la bouche et fait souffrir à mort des carpes encore plus
innocentes qu'immangeables. Ou le dompteur qui
déborde, pour les lions en cage, du même amour que
Louis XI réservait à La Balue.

— Y a des coups de sabots dans la gueule qui se
perdent, soupira mon cheval. L'autre nuit, ajouta-t-il
en riant, j'ai fait un rêve absolument charmant.
C'était dans une arène, la vache qui rit attrapait un
matador par la peau du cul, le jetait par terre, et lui
piétinait les oreilles et la queue.

Je convins que c'était amusant.

— Allez, viens, Reviens, on va se promener, lui
dis-je, appelle le chien et les enfants.

Et nous voilà partis à grands pas dans les chemins
forestiers, tous derrière, et lui devant.

Quant à ces féroces soldats, je le dis, c'est pas pour
cafter, n'empêche qu'y font rien qu'à mugir dans nos
campagnes.

Non aux jeunes

9 avril 1986

« Et vous, qu'est-ce que vous avez fait pour les jeunes ? » lançait l'autre soir Jack Lang, cette frétillante endive frisée de la culture en cave, à l'intention de je ne sais plus quelle poire blette de la nouvelle sénilité parlementaire.

« Qu'est-ce que vous avez fait pour les jeunes ? » Depuis trente ans, la jeunesse, c'est-à-dire la frange la plus totalement parasitaire de la population, bénéficie sous nos climats d'une dévotion frileuse qui confine à la bigoterie. Malheur à celui qui n'a rien fait pour les jeunes, c'est le péché suprême, et la marque satanique de la pédophobie est sur lui. Au fil des décennies, le mot « jeunes » s'est imposé comme le sésame qui ouvre les voies de la bonne conscience universelle. Le mot « vieux » fait honte, au point que les cuistres humanistes qui portent la bonne parole dans les ministères l'ont remplacé par le ridicule « personne âgée », comme si ces empaffés de cabinet avaient le mépris des rides de leurs père et mère. Mais les jeunes ne sont pas devenus des « personnes non âgées ». Les jeunes sont les *jeunes*. Ah, le joli mot.

« Vous n'avez rien contre les jeunes ? » Version à peine édulcorée du répugnant : « T'as pas cent balles ? », c'est la phrase clé que vous balancent de molles gouapes en queue de puberté, pour tenter de vous escroquer d'une revue bidon entièrement peinte avec les genoux par des jeunes infirmes. (Je veux dire « handicapés ». Que les bancals m'excusent.)

— Pardon, monsieur, vous n'avez rien contre les jeunes ?

— Si. J'ai. Et ce n'est pas nouveau. Je n'ai jamais aimé les jeunes. Quand j'étais petit, à la maternelle, les jeunes, c'étaient des vieux poilus, avec des voix graves et des grandes mains sales sans courage pour nous casser la gueule en douce à la récré.

Aujourd'hui, à l'âge mûr, les jeunes me sont encore plus odieux. Leurs bubons d'acné me dégoûtent comme jamais.

Leurs chambres puent le pied confiné et l'incontinence pollueuse de leurs petites détresses orgasmiques. Et quand ils baisent bruyamment, c'est à côté des trous.

Leur servilité sans faille aux consternantes musiques mort-nées que leur imposent les marchands de vinyle n'a d'égale que leur soumission béate au port des plus grotesques uniformes auquel les soumettent les maquignons de la fripe. Il faut remonter à l'Allemagne des années 30, pour retrouver chez des boutonneux un tel engouement collectif pour la veste à brandebourgs et le rythme des grosses caisses.

Et comment ne pas claquer ces têtes à claques devant l'irréelle sérénité de la nullité intello-culturelle qui les nimbe ? Et s'ils n'étaient que nuls, incultes et creux, par la grâce d'un quart de siècle de crétinisme marxiste scolaire, renforcé par autant de diarrhéique démission parentale, passe encore. Mais le pire est qu'ils sont fiers de leur obscurantisme, ces minables.

Ils sont fiers d'être cons.

« Jean Jaurès ? C'est une rue, quoi », me disait récemment l'étron bachelier d'une voisine, laquelle et son mari, par parenthèse, acceptent de coucher par terre chez eux les soirs où leur crétin souhaite trombiner sa copine de caleçon dans le lit conjugal.

Ceci expliquant cela : il n'y a qu'un « ah » de résignation entre défection et défécation.

J'entends déjà les commentaires de l'adolescentophilie de bonne mise :

« Tu dis ça parce que t'es en colère. En réalité, ta propre jeunesse est morte, et tu jalouses la leur, qui vit, qui vibre et qui a les abdominaux plats, " la peau lisse et même élastique ", selon Alain Schifres, jeunologue surdoué au *Nouvel Observateur*. »

Je m'insurge. J'affirme que je haïssais plus encore la jeunesse quand j'étais jeune moi-même. J'ai plus vomi la période yéyé analphabète de mes vingt ans que je ne conchie vos années lamentables de rock abâtardi.

La jeunesse, toutes les jeunesses, sont le temps kafkaïen où la larve humiliée, couchée sur le dos, n'a pas plus de raison de ramener sa fraise que de chances de se remettre toute seule sur ses pattes.

L'humanité est un cafard. La jeunesse est son ver blanc.

Autant que la vôtre, je renie la mienne, depuis que je l'ai vue s'échouer dans la bouffonnerie soixante-huitarde où de crapoteux universitaires grisonnants, au péril de leur prostate, grimpaient sur des estrades à théâtreux pour singer les pitreries maoïstes de leurs élèves, dont les plus impétueux sont maintenant chefs de choucroute à Carrefour.

Mais vous, jeunes frais du jour, qui ne rêvez plus que de fric, de carrière et de retraite anticipée, reconnaissez au moins à ces pisseux d'hier le mérite d'avoir eu la générosité de croire à des lendemains cheguevaresques sur d'irrésistibles chevaux sauvages.

Quant à ces féroces soldats, je le dis, c'est pas pour cafter, mais y font rien qu'à mugir dans nos campagnes.

L'aquaphile

10 avril 1986

J'étais littéralement fou de cette femme. Pour elle, pour l'étincelance amusée de ses yeux mouillés d'intelligence aiguë, pour sa voix cassée lourde et basse et de luxure assouvie, pour son cul furibond, pour sa culture, pour sa tendresse et pour ses mains, je me sentais jouvenceau fulgurant, prêt à soulever d'impossibles rochers pour y tailler des cathédrales où j'entrerais botté sur un irrésistible alezan fou, lui aussi.

Pour elle, aux soirs d'usure casanière où la routine alourdit les élans familiers en érodant à cœur les envies conjugales, je me voyais avec effroi quittant la mère de mes enfants, mes enfants eux-mêmes, mon chat primordial, et même la cave voûtée humide et pâle qui sent le vieux bois, le liège et le sarment brisé, ma cave indispensable et secrète où je parle à mon vin quand ma tête est malade, et qu'on n'éclaire qu'à la bougie, pour le respect frileux des traditions perdues et de la vie qui court dans les mille flacons aux noms magiques de châteaux occitans et de maisons burgondes.

Pour cette femme à la quarantaine émouvante que trois ridules égratignent à peine, trois paillettes autour de ses rires de petite fille encore, pour ce fruit mûr à cœur et pas encore tombé, pour son nid victorien et le canapé noir où nous comprenions Dieu en écoutant Mozart, pour le Guerlain velours aux abords de sa peau, pour la fermeté lisse de sa démarche Dior et de soie noire aussi, pour sa virilité dans le maintien de la Gauloise et pour ses seins arrogants toujours debout, même au plus périlleux des moins avouables révérences, pour cette femme infiniment inhabituelle, je me sentais au bord de renier mes pantoufles. Je dis qu'elle était infiniment inhabituelle. Par exemple, elle me parlait souvent en latin par réaction farouche contre le laisser-aller du langage de chez nous que l'anglomanie écorche à mort. Nos dialogues étaient fous :

— Quo vadis domine ?
— Etoilla matelus ?

En sa présence, il n'était pas rare que je gaudriolasse ainsi sans finesse, dans l'espoir flou d'abriter sous mon nez rouge l'émoi profond d'être avec elle. Elle avait souvent la bonté d'en rire, exhibant soudain ses clinquantes canines dans un éclair blanc suraigu qui me mordait le cœur. J'en étais fou, vous dis-je.

Ce 16 octobre donc, je l'emmenai déjeuner dans l'antre bordelais d'un truculent saucier qui ne sert que six tables, au fond d'une impasse endormie du XVᵉ où j'ai mes habitudes. Je nous revois, dégustant de

moelleux bolets noirs en célébrant l'automne, romantiques et graves, d'une gravité d'amants crépusculai-
res. Elle me regardait, pâle et sereine comme cette
enfant scandinave que j'avais entrevue penchée sur la
tombe de Stravinski, par un matin froid de Venise.
J'étais au bord de dire des choses à l'eau de rose,
quand le sommelier est arrivé. J'avais commandé un
Figeac 71, mon saint-émilion préféré. Introuvable.
Sublime. Rouge et doré comme peu de couchers de
soleil. Profond comme un *la* mineur de contrebasse.
Éclatant en orgasme au soleil. Plus long en bouche
qu'un final de Verdi. Un vin si grand que Dieu existe
à sa seule vue.

Elle a mis de l'eau dedans. Je ne l'ai plus jamais
aimée.

Quant à ces féroces soldats, je le dis, c'est pas pour
cafter, mais y font rien qu'à mugir dans nos campagnes.

La gomme

15 avril 1986

Il était une fois un con fini qui eut l'idée singulière d'inventer, à l'intention des petits enfants, une gomme à effacer en forme de fraise, parfumée à la fraise.

Ce fut un tel succès dans les écoles que le con fini récidiva dans la gomme à la banane, la gomme à la pomme, la gomme à la cerise. Il culminait dans le saugrenu avec sa gomme exotique au kiwi cinghalais, quand on commença de s'inquiéter de la vague d'entéro-gastrites pernicieuses et d'asphyxies étouffantes qui se mirent à décimer les rangs des maternelles. (Oui. Il y a un pléonasme dans l'expression « asphyxie étouffante », mais les mômes ne pouvaient VRAIMENT plus respirer.)

Un jour d'hiver 1985, alors que, dans son atelier de gomineux, le con fini travaillait dans le plus grand secret à la mise au point de son chef-d'œuvre, la gomme pour adulte en forme de magret de canard parfumé à la graisse d'oie, les gendarmes lui passèrent un savon et les menottes et le contraignirent au nom de la loi à fermer boutique.

Subséquemment, les pouvoirs publics, afin que nul n'en ignore et que telle aberration ne se reproduisît point, promulguèrent un décret en date du 18 février 1986, paru au *Journal officiel* du 28 du même mois, dont photocopie chut dans mon courrier l'autre jour, accompagnée d'une lettre d'une chère auditrice qui n'a pas tenu à garder l'anonymat mais j'ai foutu sa lettre au panier, j'avais cru reconnaître l'écriture de la femme de Lucien Jeunesse, je me méfie de ce genre de salade, je ne mélange jamais le cul et le boulot.

Ce décret, dont tout homme de bien se doit de saluer la bienvenue, stipule dans son article 1er que « sont interdites à la fabrication, l'importation, l'exportation, l'offre, la vente, la distribution à titre gratuit, ou la détention par les professionnels, de gommes à effacer qui rappellent par leur présentation, leur forme ou leur odeur des denrées alimentaires et qui peuvent être facilement ingérées ».

L'article 2 déploie l'arsenal effroyable des punitions légales qu'encourrait le contrevenant (elles peuvent aller jusqu'à une amende de 5e classe, vous m'en voyez tout pantois).

L'article 3 accorde un délai d'un mois aux fabricants et détenteurs pour brûler leurs stocks ailleurs que dans ma cour ou dans la vôtre.

Mais c'est l'article 4 qui a retenu mon attention. Il occupe à lui seul quatorze lignes, qui sont simplement la liste des neuf membres du gouvernement signataires du présent décret. Ce qui signifie qu'en France il faut déployer l'énergie de neuf ministres pour effacer une seule gomme.

Laurent Fabius, Premier ministre, Pierre Beregovoy, ministre de l'Économie et des Finances, Robert Badinter, garde des Sceaux, Édith Cresson, ministre de l'Industrie et du Commerce, Georgina Dufoix, ministre des Affaires sociales, Michel Crépeau, ministre du Commerce, de l'Artisanat et du Tourisme, Henri Emmanuelli, secrétaire d'État auprès du ministre de l'Économie et des Finances, Edmond Hervé, secrétaire d'État auprès du ministre des Affaires sociales, et Jean-Marie Bockel, secrétaire d'État auprès du ministre du Commerce, de l'Artisanat et du Tourisme. Trois et trois six et trois neuf : neuf ministres.

Plus neuf coursiers, neuf plantons, neuf secrétaires de chefs de cabinet, neuf chefs de cabinet, neuf secrétaires des ministres, plus le plumitif du *Journal officiel*, ça nous fait un minimum de cinquante-cinq personnes mobilisées pour dégommer une gomme. Étonnez-vous, après cela, que trois semaines plus tard ces gens-là aient perdu les élections. En pleine campagne électorale, au lieu de déployer leur énergie à s'émerveiller du magnifique bilan de leur gestion, comme cela se pratique couramment, ils regroupaient leurs efforts pour fustiger des gommes à la fraise.

Rien que pour être sûr de ne plus jamais voir ça, j'ai failli voter à droite. Heureusement que je me suis retenu. A peine le nouveau gouvernement était-il formé que *le Figaro* titrait : « Chirac met la gomme. »

Entre nous, il paraît qu'il met surtout la Gomina. Quand Bernadette l'a vu revenir de sa fameuse séance de photos électorales, en février, elle a dit :« Oh ! Ouistiti est gominé ! »

Quant à ces féroces soldats, je le dis, c'est pas pour cafter, mais y font rien qu'à mugir dans nos campagnes.

Queue de poisson

22 avril 1986

En tant que fonctionnaire, M. Philippe Paletot représentait ce qui se fait de plus haut. Il était quelque chose comme « haut commissaire préfectoral à la présidence générale de la Direction régionale des affaires nationales » à moins que ce ne fût « président aux Hautes Affaires nationales à la préfecture directoriale des régions ». Quadragénaire hautain et portant beau, c'était un homme de devoir et de rigueur qui avait toujours su se montrer digne du prénom dont on l'avait honoré en hommage au maréchal Pétain. Humble et réservée, pieuse et cul pincé, Mme Philippe Paletot vivait sans éclat dans l'ombre de sa sommité dont elle dorlotait la carrière à coups de soupers rupins fort courus dans la région.

Quand M. Philippe Paletot fut muté à Paris pour d'encore plus hautes irresponsabilités fonctionnariales, cette femme de bien concocta un dîner d'adieu dont les huiles locales n'oublieraient pas de sitôt la succulence. On y convia deux députés, un procureur, un notaire, le directeur régional de FR 3, une avocate en cour, le plus proche évêque, une harpiste russe blanche, un général de brigade amant de l'avocate, ainsi qu'un peintre exilé de Cuba qui fumait l'évêque par pure singularité hormonale. Le gratin, pour tout dire, avec les nouilles en dessous car on pouvait apporter son conjoint. Mme Paletot avait commandé en entrée un saumon surgelé mais norvégien, d'un mètre cinquante de long. Avant l'arrivée de ses invités, elle avait évité de justesse un drame affreux en éjectant son chat occupé à entamer la queue de ce salmonidé géant.

Ce fut un dîner tout à fait somptueux, solennel et chiant, bref, une réussite parfaite. A un détail près. Au moment de passer au fumoir, M. Philippe Paletot attira son épouse en un coin isolé.

— Il m'a semblé, ma chère amie, que votre poisson avait comme un goût, lui murmura-t-il sur un ton d'agacement qui la fit blêmir.

— A moins que le meursault que vous aviez choisi ne fût trop fruité. Rien n'est pire pour dénaturer un saumon rose, rétorqua-t-elle d'un ton pincé, avant de rejoindre ses piliers du Lion's Club en battant des ailes pour signifier la clôture de l'incident.

La fin de la soirée fut brillante et provinciale, avec débats avortés sur la banalisation des formes de la nouvelle Alfa Romeo, la montée de la violence et du cholestérol, le retour de James Bond à l'écran et de la quatrième à l'Assemblée. On se quitta en caquetant et gloussant vers la minuit.

C'est alors qu'en rentrant dans sa cuisine pour une

brève tournée d'inspection, après que la servante ibérique eut regagné son gourbi, Mme Paletot eut le choc de sa vie. Raide et l'œil vitreux, le chat gisait sur le carrelage, plus mort qu'un dimanche en famille.

— Mon Dieu, mon Dieu, Philippe, le petit chat est mort et il avait goûté le saumon ! gémit la haute commisseuse préfecto-régionale.

Le grand homme local, qui en avait vu d'autres (il avait réchappé d'un cancer du trou par la seule force de la prière), exhorta son épouse au calme et appela le CHU voisin. L'interne de garde convint qu'il fallait intervenir de toute urgence, car tout laissait à penser que le poisson qui avait tué le chat n'épargnerait pas les soupeurs à brève échéance. Trois ambulances hurleuses, zébrant la nuit de leurs gyrophares bleus, s'en furent quérir en leurs logis respectifs les convives sur le point de se coucher les uns sur, sous, ou sans les autres, et qui poussèrent des cris effrayants en se sachant au bord de finir aussi sottement leur passionnante existence, par la faute de quelque surgeleur-dégeleur qui allait voir ce qu'il allait voir si jamais on en réchappait.

— Lavage d'estomac pour tout le monde, ordonna le médecin.

Et voici, dégradante image de fin du beau monde, voici tous ces bourgeois distingués en nuisettes et pyjamas fripés, odicusement tuyautés et gargouilleux, humiliés dans la chaude puanteur exhalée de leurs ventres blets, horriblement honteux de se faire ainsi entuber en public.

On les garda en observation. Mais rien, sinon la nuit, ne se passa. Le lendemain à dix heures, on les

autorisa prudemment à réintégrer leurs pénates à
condition de n'en pas bouger, et de se tenir à la
disposition des médecins à la moindre alerte.

— Bonjour, madame Paletot. Bous j'avez dou
avoir dé la peine pour lé pétit chat, no ? demanda la
servante ibérique en prenant son service.

Et, devant la mine ahurie de sa patronne :

— Quand yé ou fini dé débarracher la couigine, lé
pétit chat lui l'avait foutu lé camp. Yé bite bite fait lé
tour dou yardin. Loui pas là. Yé bite bite régardé dans
la route. Santa Maria ! lé pétit chat l'était écrajé par
oune boitoure, qué l'avait complétamente écra-
bouillé. Ma, comme l'était pas abîmé, yé lé rapporté
lé pétit chat dans la couigine. Et pouis, moi yé pas
boulou déranyé la madame, alors yé chouis retournée
dans ma maichon.

Quant à ces féroces soldats, je le dis, c'est pas pour
cafter, mais y font rien qu'à mugir dans nos campagnes.

Les sept erreurs

25 avril 1986

M. Raymond Lepetit est journaliste. C'est un
obscur. Dans aucun journal, on ne saurait être plus
obscur que M. Raymond Lepetit.

M. Raymond Lepetit est encore plus obscur que
Mlle Geneviève Portafaux qui est responsable de la
rubrique « erratum » au *Réveil du Pas-de-Calais,* et
qui connut un quart d'heure de gloire dont elle se
serait bien passée, en écrivant un jour, dans un
moment d'égarement, « erratum » avec un seul *r.*

M. Raymond Lepetit, pour sa part, est à l'abri de la
moindre notoriété. Il restera dans l'ombre la plus
opaque jusqu'à l'âge de la retraite, bien qu'il s'occupe
d'une rubrique assez cousine au demeurant de celle
de Mlle Geneviève Portafaux. En effet, M. Raymond Lepetit est rédacteur de la « Solution du jeu des
sept erreurs », de *l'Écho de la Fouillouse* qui est
encore assez lu entre Le Chambon-Feugerolles et
Andrézieux-Bouthéon. Pour dire la vraie vérité, bien

qu'elle soit fort cruelle, M. Raymond Lepetit est encore moins célèbre que M. Christian Bouchabais. M. Christian Bouchabais est également rédacteur de la « Solution du jeu des sept erreurs », mais à *France-Soir*. Il paraît même qu'un soir, M. Christian Bouchabais aurait rencontré M. Philippe Bouvard dans l'ascenseur, qu'il lui aurait dit : « Bonjour, monsieur Philippe Bouvard », et que M. Philippe Bouvard lui aurait répondu : « Bonjour, monsieur Bouchabais. » Ce sont des bruits, mais tout de même.

Alors que M. Raymond Lepetit, non. C'est tout juste si M. Raymond Lepetit est connu à Andrézieux-Bouthéon. Il ne sort jamais. Il envoie son article par téléphone à Mme Chabert, la vieille sténographe bigote antisémite de *l'Écho de la Fouillouse*.

— Madame Chabert ? C'est Lepetit… Bon, alors j'y vais.

En 1 comme l'unité : le donjon est plus large.

En 2 : le massif de lys est caché par le pont-levis. Non pas lévy : levis.

En 3 : la lance du troisième chevalier en partant de la droite est plus pointue.

En 4 : au fond, le parc est différent. Il ne reste plus que six chevaux blancs et deux marquises dans la sarabande. Non pas Sarah. En un seul mot : sarabande.

En 5 : le blason a été modifié.

En 6 : la salamandre est moins bien dessinée, la queue s'est effacée de l'image.

En 7 : il n'y a plus que trois boulets de canon au fond du ravin. Non. Pas du rabbin. Oui, c'est ça…

Oui, ce sera tout pour aujourd'hui, madame Chabert.
A demain, madame Chabert. Bonjour à Chabert.

M. Raymond Lepetit est malheureux. Pour arrondir ses fins de mois, il fait aussi la « Solution du jeu des
sept erreurs » de *Sexy-Fouillouse*, une revue pornographique locale très sinistre et très grise. M. Raymond Lepetit a honte.

— Allô ? Monsieur Bernard Henri ? C'est Lepetit.
Bon, alors j'y vais.

En 1 comme l'unité : la langue du barbu est plus
large à la base.

En 2 : les genoux de la troisième personne de
couleur sont plus pointus.

En 3 : le fouet est moins bien dessiné.

En 4 : la personne forte a lâché sa chaussure
droite.

En 5 : le vieux monsieur ne sourit plus.

En 6 : la bougie a disparu.

En 7 : la queue-de-pie a été modifiée.

M. Raymond Lepetit raccroche son vieux téléphone noir. Il se sent vieux. Il est vieux. Il trottine, les
mains dans le dos, fragile et voûté, jusqu'à la fenêtre
qui donne sur le jardin. Il ne voit plus le massif de
marguerites. Il est caché aux regards par les mauvaises herbes.

La pointe du troisième barreau de la grille en
partant de la droite est tombée.

Au fond, le petit verger est différent.

Il ne reste plus que six choux verts et deux poireaux
dans les plates-bandes.

Le bonnet du nain en plâtre a été modifié par l'érosion des pluies et l'écureuil en stuc, à côté, a la queue moins bien dessinée.

M. Raymond Lepetit ne se sent pas bien.

Ses espoirs sont plus flous. Partant de la gauche ils se sont déplacés vers la droite.

Il a un rhumatisme de plus du côté du cœur.

Sa femme a disparu.

Il ne lui reste que six cheveux bleus.

Son sourire s'est effacé de l'image.

Quant à ces féroces soldats, je le dis, c'est pas pour cafter, mais y font rien qu'à mugir dans nos campagnes.

Maso

6 mai 1986

La première manifestation de la nature profondément masochiste de Christian Le Martrois remonte à l'instant même de sa naissance.

Quand le médecin accoucheur l'eut extirpé du ventre maternel, le bébé retint sa respiration afin de retarder le plus longtemps possible le premier cri libérateur. Il ressentit alors une indescriptible souffrance qui lui mit des frissons partout. Par la suite, sa vie tout entière resta marquée par le souvenir brûlant et l'insatiable recherche de cette douleur exquise qu'une infirmière trop zélée avait étouffée dans l'œuf en lui tapotant le dos.

Il eut bien une seconde joie à l'âge de trois mois, quand son grand frère eut l'idée inespérée d'enduire de piment rouge la tétine de son biberon. Mais, par la suite, il comprit qu'il devait lui-même prendre en main son douloureux destin, sans plus compter sur le hasard.

A l'école, il occupa toujours la place du fond. Près du poêle. Non pas qu'il fût cancre. Mais il ne résistait pas à la dévorante morsure des chaleurs intenables qui traversaient ses maillots de corps barbelés avant d'embraser et cloquer sa peau fragile en lui tirant des larmes de sang.

La puberté de Christian Le Martrois restera comme un chef-d'œuvre dans l'art secret des supplices volontaires et des souffrances de l'âme autoconsenties. A quinze ans, il avait mis au point une technique dite de l'« *onanismus interruptus* » génératrice de frustrations violentes telles qu'elles le poussaient à se taper la tête contre les murs de sa chambre qu'il avait tendus de papier de verre n° 5 sur les conseils d'un vendeur du BHV ex-marcheur sur braises à l'académie des derviches émasculés volontaires de La Bourboule.

Cependant, rien d'insolite dans l'attitude sociale de Christian Le Martrois ne permit jamais à ses contemporains de soupçonner l'effroyable singularité de son comportement privé. Après de brillantes études, il ouvrit un cabinet de chirurgien-dentiste à Fouille, dans la Creuse. Une clientèle douillette et huppée se pressa bientôt à son cabinet, car le dentiste Christian Le Martrois ne faisait pas mal. Il travaillait douze ou treize heures par jour dans la joie : masochiste voyeur, il aimait à regarder souffrir les autres, c'était pour lui une indicible source de plaisir. Sa technique d'arrachage de dents sans douleur aucune le privait de ce plaisir, ce qui déclenchait en lui sept à huit frustrations par jour qui le laissaient repu de souffrance à la nuit tombée.

A trente-trois ans, un Vendredi saint, Christian Le

Martrois épousa une virago bavaroise dresseuse de
bergers allemands au chenil « la Schlag » d'Oradour-
sur-Glane. Dans l'intimité, elle appelait son mari
Kiki, lui faisait rapporter la baballe, et l'obligeait à
manger de la merde et à lire *Jours de France*, en
écoutant le groupe Indochine.

C'était le bonheur.

Jusqu'à ce jour funeste du 10 mai 1981 où Christian
Le Martrois, qui était de droite, vint applaudir
l'arrivée de la gauche au pouvoir sur la place de la
Bastille. Alors qu'il s'était allongé devant le podium
des vainqueurs pour bien être piétiné dans la boue, un
animateur de radio corpulent lui tomba distraitement
sur le dos. Il en eut les reins brisés à tout jamais et,
surtout, il ne ressentit, de ce jour, plus aucune
douleur au-dessous de la ceinture. Il avait beau
s'asseoir sur les nouvelles plaques de cuisson Arthur
Martin à brûleurs néothermiques X23 supercrame, les
pieds baignant dans la friteuse Hiroshima maxi-gril :
rien, pas le moindre picotis, pas le plus petit agacement médullaire.

— Ma vie n'a plus de sens, se dit-il. Autant en
finir.

Christian Le Martrois ne voulut pas manquer sa
sortie. Masochiste pratiquant, il partirait dans les
tourments de son culte. Pour ce faire, il s'adjoignit les
services de deux tortionnaires épisodiques, défon-
ceurs de colleurs d'affiches de gauche et de droite aux
temps chauds, dépeceurs de petites vieilles à la
morte-saison. Des tueurs à petits coups, à petit feu, à
la petite semaine. Qui torturaient sans plaisir. Pour
l'argent.

Christian Le Martrois, qui n'avait plus rien à perdre dans ce monde sans souffrance, leur proposa 500 000 francs à chacun pour qu'ils acceptassent de le frapper, griffer, boxer, déchiqueter, cisailler, perforer, stranguler et écrabouiller à fond, jusqu'à ce que mort s'ensuivît, et que son âme maudite s'envolât aux enfers pour y trouver enfin la délectable brûlure éternelle.

Ces deux saligauds, qui n'avaient décidément aucune moralité, lui mirent à peine deux baffes avant de s'enfuir avec l'argent.

Christian Le Martrois a porté plainte, pour indélicatesse.

Quant à ces féroces soldats, je le dis, c'est pas pour cafter, mais y font rien qu'à mugir dans nos campagnes.

Les trous fumants

12 mai 1986

M. Haroun Tazieff offre un premier abord bien sympathique. Il déambule une silhouette carrée et nonchalante d'ours repu, surmontée d'une belle et bonne tête de pionnier hygiénique, un peu Mermoz, un peu Kessel, avec des yeux perçants et doux, aussi clairs que les eaux du Dniepr le mois dernier.

Quand M. Haroun Tazieff parle, cette aura de paix tranquille qui émane de lui se fait encore plus rassurante. La voix de cet homme charrie des cailloux ronds bien polis. On ne sait pas très bien si c'est Boris Godounov qui ronronne ou un vieux maître de chai des hospices de Beaune qui psalmodie la gloire d'un romanée-conti.

M. Haroun Tazieff est inoffensif. Il passe le plus clair de son temps à mettre son nez dans les trous qui fument. Parfois, un volcan facétieux, profitant de ce que M. Haroun Tazieff n'est pas là, se met à péter aux quatre vents. M. Haroun Tazieff apparaît à la télévi-

sion et dit : « Ça ne m'étonne pas. Je l'avais prédit. »
Puis il retourne s'enfumer plus loin avec une caméra
parce qu'il faut bien vivre, comme dirait M. Jacques-
Yves Cousteau. (M. Cousteau est un ami de
M. Tazieff. Il met son nez dans des trous qui
mouillent.)

MM. Haroun Tazieff et Jacques-Yves Cousteau
sont d'éminents scientifiques. Les scientifiques sont
éminents ou ne sont pas. Avec M. Paul-Émile Victor,
qui met son nez dans les trous qui gèlent, ils forment
en France un exceptionnel triumvirat, peu connu sous
son nom d'apparat des « pifs nickelés », qui détient
seul et sans partage, depuis un demi-siècle, le secret
divin de la connaissance géophysique.

Des trois « pifs nickelés », M. Haroun Tazieff passe
pour le plus sage et le plus éclairé. Jusqu'à un passé
récent, que nous situerons aux alentours de l'éclosion
des roses en 1981, il n'avait de cesse de chanter aux
lucarnes la pureté de la nature et de mettre en garde
les apprentis sorciers et les politiciens contre les périls
de Vulcain et les dangers sournois de l'extension
nucléaire. Les architectes fourbes et les requins de
l'atome tremblaient à son seul nom.

Et puis, hélas, il y a un peu plus de trois ans,
pendant que M. Haroun Tazieff avait le nez baissé sur
quelque braise, une tuile lui est tombée sur la gueule :
on l'a nommé ministre des Trous qui fument et des
Noyaux qui pètent.

De ce jour, M. Haroun Tazieff ne fut plus le même.
Ceux qui l'avaient connu vindicatif et parlant haut sur
son vélo, fustigeant les rapaces, en culotte de velours
et les sourcils cramés, n'en crurent pas leurs yeux. Il

ne se déplaça plus qu'en limousine aseptisée, dans des trois-pièces Cardin lave-anthracite, avec une cocarde à l'avant et un pouet-pouet pour arriver plus vite au palais du Président où on le vit courbé en frileuses révérences devant les continuateurs zélés de la force de frappe. Pire. Un jour que le Président et ses chefs de guerre s'en étaient allés aux îles lointaines pour essayer leurs bombes de mort atomique, M. Haroun Tazieff n'eut rien de plus pressé que de se joindre à eux. Il se montra aux gazettes, auprès d'un ministre-clown de gauche qui n'avait pas craint de se mettre le cul dans l'eau pour en vanter la propreté féerique après la salubre explosion. Ce jour-là, M. Haroun Tazieff dit en substance que, la bombe atomique, on n'avait pas trouvé mieux pour la santé des nuages.

Et puis la rose a gardé sa tige mais lâché ses pétales, et M. Haroun Tazieff est retourné aux trous des volcans sur son vélocipède.

Là-dessus, voilà-t-il pas qu'une usine thermonucléaire ukrainienne s'embrase et nous dispense ses volutes assassines par-dessus le rideau de fer que l'on croyait infranchissable. Chez nous, les cuistres officiels sont rassurants. On dirait autant de petits Tazieff revenant bronzés de Mururoa. Les journalistes et le public sont des cons, pensent-ils. C'est nous, les cuistres, qui détenons à la fois le pouvoir économique du nucléaire et le pouvoir d'en informer les gens. Y a qu'à rien leur dire et les veaux iront au pré.

C'est alors que M. Haroun Tazieff relève le nez. Frétillant, il retourne aux gazettes et dit que les responsables de la protection civile sont des rigolos et des tyranneaux bureaucratiques qui empêchent la

France d'être informée sur la réalité du péril et qui seraient bien incapables de nous épurer si nous avalions des noyaux de travers.

Pourtant, quand M. Haroun Tazieff était haut responsable aux Trous qui fument et aux Noyaux qui pètent, ces mêmes responsables étaient déjà en place. M. Tazieff n'eut alors jamais un mot d'opprobre à leur endroit. Il leur faisait coucou depuis sa limousine. Il était bien. Il n'avait pas de raison de s'en faire, l'atome d'alors était en sucre.

Cette histoire nous prouve qu'il ne faut jamais donner une auto à un vulcanologue cycliste si c'est pour la lui reprendre après. De retour au vélo, il perdrait les pédales.

Quant à ces féroces soldats, je le dis, c'est pas pour cafter, mais y font rien qu'à mugir dans nos campagnes.

Bâfrons

13 mai 1986

En passant devant une publicité « Gévéor » dégoulinant ses lettres rouille à l'huis oublié d'une épicerie close, il m'est revenu le souvenir de ripailles solitaires d'une telle vulgarité que le père Dodu, M. Olida, et même le directeur des Ruralies s'en fussent aperçus, pour peu que je les y eusse conviés, ce qu'à Dieu ne plût.

Par parenthèse, je signale aux rétifs de la gastronomie autoroutière que les Ruralies sont une manière d'auberge campagnarde prétendument rustique, sise au bord de l'autoroute Aquitaine entre Paris et Poitiers, où l'on sert, contre beaucoup d'argent, un brouet que Jacob et Delafon ne confieraient qu'avec réticence à leurs chasses d'eau.

C'était deux ou trois hivers plus tôt. Ayant laissé mes familles ordinaires à leurs ébats neigeux, je rentrais seul à Paris, par un soir gris semblable. Le frigo vide béait sur rien. Le placard aux victuailles exhibait un bocal de graisse d'oie, deux boîtes de Ronron et une de corned-beef. J'avais oublié la clé de la cave dans le sac à main de ma femme, ce qui m'interdisait l'accès au congélateur et — ô rage, ô désespoir, ô Contrex ennemie — à mes vins chéris.

Un voisin pauvre mais compatissant me fit le prêt d'une demi-baguette de pain mou et d'un litron sobrement capsulé dont l'étiquette, en gothiques lamentables, chantait avec outrecuidance les vertus du gros rouge ci-inclus. Était-ce bien Gévéor, ou plutôt Kiravi, voire Préfontaines ? Je ne sais plus, mais qu'importe, puisqu'il paraît qu'ils pompent tous les trois à la même citerne, chez Total ou Esso. A moins que ce ne fût un vin des Rochers de chez Soupline, le velours de l'estomac, ou « le taffetas du duodénum », selon Francis Blanche. Bref, c'était un de ces bons gros pinards bien de chez nous dont l'acidité est telle qu'elle neutralise le méthanol et les effluves de Tchernobyl.

Or donc, la rage au cœur et la faim au ventre, je me retrouvai seul à la minuit dans ma cuisine avec ce pain flasque, ce litron violacé et la boîte de corned-beef que je venais de gagner à pile ou face avec le chat, le sort souvent ingrat m'ôtant le Ronron de la bouche au bénéfice de ce connard griffu.

Avec des grâces de soudard pithécanthropique, je décapsulai la bouteille d'un coup de dent tellement viril qu'on aurait dit Rock Hudson sans le sida dégoupillant sa grenade offensive dans *Les marines attaquent à l'aube*. Puis j'entrepris d'étaler largement l'inqualifiable pâté rosâtre sur la mie leucémique de l'ersatz farineux du voisin. Ainsi nanti, les pieds sur la table et la chaise en arrière, je me mis à glouglouter et bâfrer bruyamment, l'œil vide au plafond comme le broutard abruti s'écoutant ruminer.

Or, à mon grand étonnement, j'y pris quelque plaisir, et même pire, j'en jouis pleinement jusqu'à atteindre la torpeur béate des fins de soupers grandioses, et m'endormis en toute sérénité.

Cette pauvre anecdote, dont la fadeur n'a d'égale que celle du sandwich, me rappela un très beau texte de Cavanna décrivant sa jouissance infâme à gober une boîte de cassoulet froid à peine entrouverte, par un soir esseulé comme le mien.

Ce qui tendrait à prouver qu'on n'est pas faits pour le raffinement, en tout cas pas tous les jours, et que le cochon qui somnole en nous, tandis que nous bouche-en-cul-de-poulons des mets exquis et des vins nobles en nos tavernes choisies, ne demande qu'à se réveiller pour engloutir dégueulassement des rations militaires qu'un Éthiopien affamé repousserait du pied.

Un qui ne me contredira pas, s'il m'écoute, c'est cet ami photographe de mode, dont l'hyperséduction anglo-saxonne draine en son lit les plus beaux mannequins du monde. Pendant ses week-ends, le bougre s'occupe à draguer le boudin charolais celluliteux entre la République et la porte Saint-Denis.

Que les plus fins mozartiens qui n'ont jamais vibré aux musiques militaires lui jettent la première pierre.

Quant à ces féroces soldats, je le dis, c'est pas pour cafter, mais y font rien qu'à mugir dans nos campagnes.

Sur la grève

16 mai 1986

Les syndicats et les personnels de l'audiovisuel, justement inquiets de l'avenir du service public, annoncent une grève des professionnels de la radio et de la télévision pour le 21 mai prochain, dernier délai. J'opine.

Mais pourquoi ce « dernier délai », que soulignaient hier des commentateurs du journal de huit heures sur France-Inter ?

Tout simplement parce que, après cette date, commenceront sur les antennes les retransmissions du tournoi de tennis de Roland-Garros et de la coupe du monde de football de Mexico, et qu'il n'est pas question, dans l'esprit des dirigeants syndicaux ni dans celui des militants de base, de perturber un tant soit peu ces événements sportifs éminemment passionnants. La sainte et légitime colère des populations ainsi frustrées pourrait être terrible.

En revanche, si la grève a lieu avant le début tant

attendu de ces parties de baballes, on n'emmerdera que les cons saugrenus qui ne regardent ni n'écoutent les exhibitions sportives à la télé ou à la radio. On ne punira que ces demeurés globaux-là qui s'intéressent essentiellement aux créations, aux films, à la musique, aux débats, aux grands reportages ou à l'information. Les goûts et les couleurs de ceux-là, de ces fêlés qui fonctionnent plus du neurone cérébral que de la fibre musculaire, ne préoccupent guère les leaders courroucés des mouvements ouvriers.

Mais alors, Dieu m'entraîne, si possible pas au parc des Princes ça me ferait gerber, que réclament les personnels de l'audiovisuel concernés, pour ne pas dire cernés par les cons ? Ils s'insurgent, et j'en suis, à mon humble niveau de pitre son-et-lumière, contre le démantèlement du service public et son inévitable corollaire : l'extension anarchique du privé par le biais de marchands de son et d'images peu scrupuleux et beaucoup plus préoccupés de faire grimper les taux d'écoute que de se risquer dans des programmes de qualité.

Or, je vous le donne en cent car en mille c'est trop cher, qu'est-ce qui fait grimper les taux d'écoute chez les masses popu, les masses popu, les masses populaires ? Le tennis et le foot.

Donc, Dieu me shoote, si possible pas dans la gueule ça me décoiffe, la présente grève, destinée à préserver la qualité au mépris du taux d'écoute, aura lieu le 21 mai pour préserver les taux d'écoute au mépris de la qualité.

Il vaut mieux entendre ça que tomber sur un clip de la Stéphanie du Rocher.

Pouf, pouf.

En relisant hier soir *les Nourritures terrestres* — c'est nul, mais y avait pas de foot à la télé —, il me revenait en mémoire une anecdote journalistique infiniment savoureuse à propos de ce vieux pédé de Nobel à béret basque que fut André Gide. C'est une historiette authentique, qui remonte à trente-cinq ans. On me l'a racontée dès mon arrivée dans le service des informations générales du premier journal où j'ai mis la plume et les pieds, et il serait salutaire, pour le respect du folklore, que la tradition orale ne s'en perdît point dans les couloirs enfumés des écoles de journalisme.

Par un beau jour du printemps 1951, le rédacteur en chef des faits divers d'un grand journal de France et du Soir, dont je tairai le nom en hommage à Pierre Lazareff, reçoit une dépêche urgente de l'AFP qui annonce que la France des lettres et de l'esprit est en deuil : André Gide vient de mourir à son domicile parisien à l'âge de quatre-vingt-deux ans, à la suite d'une longue et cruelle schwartzenbergite, mais là n'est pas le sujet : le sujet est couché dans une boîte en bois en attendant qu'on l'inhume en terre laïque plutôt que dans les caves du Vatican.

A cette nouvelle fracassante, le rédacteur en chef dépêche en urgence son meilleur limier sur les lieux de l'extinction de l'honorable immoraliste.

Trois heures plus tard, sur le point de boucler sa première édition, le rédac-chef s'inquiète. Il a remanié complètement sa « une » afin d'y ménager la large place que suscite la lourde perte. Or le papier, à l'instar de la marée de Vatel, n'arrive toujours pas. Cet homme, anxieux à juste titre, se précipite alors dans le bureau du limier... et le trouve le cul sur la chaise et les pieds sur le buvard occupé à lire *Paris-Flirt*.

— Ben, et votre papier, mon vieux ?

— Quel papier, chef ?

— Enfin quoi, je vous ai bien envoyé en reportage tout à l'heure ?

— Hein ? Ah oui, bien sûr. J'y suis allé, chef. Mais j'ai pas fait de papier.

— Comment ça, vous n'avez pas fait de papier ???!!

— Mais non, chef, ça valait pas un clou. J'ai vu le toubib du vieux. Il a été formel : mort naturelle.

Pouf, pouf.

Quant à ces féroces soldats, je le dis, c'est pas pour cafter, mais y font rien qu'à mugir dans nos campagnes.

Ça déménage

26 mai 1986

Il se peut que cette chronique soit la dernière.

Considérez-la comme mon testament.

Ce matin, à six heures trente, à l'heure où Phœbus darde encore ses rayons dans sa poche, on a sonné à ma porte.

Ce ne pouvait pas être le laitier. Je ne bois pas de lait le matin, ça fait cailler la tequila de la veille au soir.

Ce ne pouvait pas être le KGB. Je suis au mieux avec Moscou. J'ai rencontré l'autre jour un ingénieur de Tchernobyl qui se désirradiait dans la piscine Molitor, je lui ai dit : « J'aime beaucoup ce que vous faites. » On ne sait jamais. On n'est jamais trop prudent.

Ce ne pouvait pas être les miliciens de Pasqua. J'aime beaucoup Pasqua. Ce look « Don Camillo uber alles », je ne résiste pas. Hier encore, je lui ai téléphoné pour lui cafter les agissements de ce connard de Jean-Claude Bourret qui veut entrer dans la résistance avec Polac et Denise Fabre pour la sauvegarde du service public.

Alors que fut-ce ? Qu'ouïssai-je ? Qui donc ébranlait mon huis ?

Enfer et boule de bitte : c'étaient les déménageurs.

Tout à mon sommeil dans les bras de Morphée et sous les genoux de la mère de mes enfants présumés, j'avais oublié que je quittais ce matin mon somptueux gourbi parisien pour aller vivre désormais dans un minable manoir de banlieue extrêmement surfait, c'est pas la peine de m'emmerder avec l'impôt sur les grandes fortunes, je fais rien qu'à rétrograder dans l'aisance.

On est bien peu de chose, mes frères, en pyjama rayé façon Auschwitz, face à six gros bras velus, pétants de santé et armés de sangles de cuir, qui vous soufflent à la gueule, par les naseaux béants de leurs mufles ouvriers, l'air encore frais du matin, frémissants de leur impatience à vous casser la baraque.

Ils se sont engouffrés dans mes murs comme six minotaures assoiffés de vengeance mobilière et affamés de commodes Louis XV, pardonnez l'anachronisme, j'aurais dû dire « de bahuts Hercule », mais on n'a pas la sérénité d'André Castelot devant son Mallet-Isaac quand on est piétiné à l'aube par une horde d'hommes des bois de lit.

« Par où qu'on commence ? » a mugi le plus féroce qui paraissait être le chef (les touffes de poils échappées de son poitrail à la Fichet-Bauche étouffaient le crocodile de son débardeur Lacoste, signe distinctif du chef de meute chez les tribus porteuses de piano à queue sur la tête).

« Commencez par où vous voulez, mais ne me frappez pas, monsieur, s'il vous plaît », ai-je supplié, en lui baisant les doigts à tout hasard, pour apaiser son courroux.

En moins de temps qu'il n'en faut à l'éjaculateur précoce pour prendre congé d'Ornella Mutti, ils s'étaient répandus dans les étages en rugissant les ahanements gutturaux des terribles écumeurs de l'habitat urbain (Urbain VI, le saint patron des balanceurs d'armoires par la fenêtre du troisième).

Je me précipitai, en rampant sous la moquette pour ne pas être reconnu, vers la chambre conjugale, pour prévenir ma bien-aimée, qui a le sommeil plus lourd que le cul, afin qu'elle trouve le temps de s'échapper avant qu'ils ne l'affolent avec leurs gros bras de grizzlis banlieusards. Hélas, ils l'avaient déjà roulée dans le dessus-de-lit et jetée dans le monstrueux camion noir de leurs forfaits impunis. Je suis allé me réfugier dans mon bureau en gravissant l'escalier sur la pointe des pieds pour ne pas éveiller l'attention de l'ennemi. A vrai dire, je gravissais sur place : pas étonnant. Ces maudits salauds avaient déménagé l'escalier. Il me restait les chiottes. La seule pièce de la maison qui fermait à clé. Ils n'iraient pas me chercher là.

A l'heure où j'écris ces lignes, il n'y a plus un bruit dans la maison. Il est près de dix-neuf heures à ma montre. Je ne pense pas qu'ils reviendront ce soir, mais je n'ose pas sortir. Avant que le silence ne se rabattît sur la maison, j'en ai entendu un pousser, à travers les murs de pierre taillée, un son bestial qui m'a semblé reproduire le ricanement typique de l'ichtyosaure haineux de la section Le Pen du préquaternaire.

« On le finira demain matin », m'a-t-il semblé comprendre. Je n'étais évidemment pas en mesure de savoir s'il parlait du déménagement ou de moi-même. Aussi bien, dans le doute, m'abstins-je.

C'est pourquoi, chers amis de France Inter, au lieu d'enregistrer cette émission, comme à l'accoutumée, dans un chaleureux studio de Radio France, j'émets aujourd'hui de ce réduit obscur aux murs recouverts des graffitis obscènes, scabreux, anodins ou poétiques que j'ai moi-même gravés au feutre quand c'était le bon temps, le temps de l'insouciance, le temps d'avant les déménageurs.

Demain, je quitterai la maison pour toujours. Il ne m'en restera que ces quelques pensées-là, scribouillées à la hâte sur la laque ocre-blanc de ce cabinet, dont je reste le chef. Et, tandis que le crépuscule attend la nuit pour étendre son grand manteau de velours mauve beaujolais sur la ville et sur les gens, je relis à n'en plus finir le mot terrible de Talleyrand sur son lit de mort. A moins que ce ne soit un mot de Talleyrand sur le lit de mort de la duchesse de Montorgueil, mais qu'importe, c'est un mot terrible qui nous dit que l'éternité c'est long, surtout vers la fin.

Quant à ces féroces déménageurs, je le dis, c'est pas pour cafter, mais y font rien qu'à mugir dans nos armoires.

La belle histoire
du crapaud-boudin

28 mai 1986

A trente ans, Ophélie Labourette supplantait dans la hideur et la disgrâce les culs de cynocéphales les plus tourmentés. Elle était intensément laide de visage et de corps, et le plus naturellement du monde, c'est-à-dire sans que jamais le moindre camion ne l'eût emboutie, ni qu'un seul virus à séquelles déformantes n'y creusât jamais ses ravages. Elle était vilaine par la grâce de Dieu, marquée à vie au saut de l'utérus.

Jaillissant de sa tête en poire cloutée de deux globules aux paupières à peine ouvrables, elle imposait un pif grumeleux, patatoïde et rouge vomi, qu'un duvet noir d'adolescent ingrat séparait d'une fente imprécise qui pouvait faire illusion et passer pour une bouche aux moments de clapoter.

Autour de ce masque immettable, elle entretenait toute une chignonnerie de poils à balai de crin qui se hérissaient sur les tempes au temps chaud pour cacher en vain les pavillons de détresse de ses oreilles boursouflées dont seule la couleur, identique à celle du nez, apportait un semblant d'harmonie, au demeurant regrettable, à cette informité.

Le corps était, si l'on peut dire, à l'avenant. Court et trapu, sottement cylindrique, sans hanches ni taille, ni seins, ni fesses. Une histoire ratée, sans aucun rebondissement. De ce tronc morne s'étiraient quatre branches maigrelettes, précocement parcheminées et flasques, endeuillées par endroits d'un pelage incertain. Les membres inférieurs, plus particulièrement, insultaient le regard. N'était leur position dans l'espace (l'une au-dessus de l'autre) rien ne permettait de discerner la jambe de la cuisse. L'une et l'autre, affûtées dans le même moule à bâtons, s'articulaient au milieu par la protubérance insolite d'un galet rotulien trop saillant. Un trait, un point, un trait, c'étaient des jambes de morse. Moins affriolantes que bien des prothèses. Avec, pour seul point commun avec les jambes des femmes, une certaine aptitude à la marche.

La Providence, dans un de ces élans sournois de sa méchanceté gratuite qui l'incite à faire éclore les plus belles roses sur les plus écœurants fumiers, avait cru bon d'égarer, au milieu de toute cette bassesse, une perle rare d'une éclatante beauté. Ophélie Labourette avait une voix magnifique. Déjà, quand elle parlait, il s'en évadait des sons surprenants, veloutés dans l'aigu, claquant dans les graves, une voix qui portait loin sans qu'elle eût jamais à la pousser et qui, même assourdie pour les confidences, écrasait superbement alentour les plus égosillés caquetages, réduisant les plus amples tonitruances viriles en braiments aphones. Quand elle chantait, le rossignol, confus, s'éteignait. Son chant brisait les autres chants. Près de lui, les chœurs de basses devenaient aboiements polyphoniques, et les voix cristallines, filets de vinaigre.

Si Ophélie Labourette était née très sotte, ou aveugle, un jury particulièrement doué de mansuétude aurait pu accorder à Dieu des circonstances atténuantes que Lui-même, dans l'arrogant égocentrisme de son infinie sagesse, refusa naguère au docteur Frankenstein. Mais Dieu est un salaud. Fignoleur dans le sadisme comme peu de bourreaux des camps, il avait imaginé de doter sa créature d'une âme d'artiste sensible et raffinée que soutenait un esprit vif et brillant. Enfin, content de lui comme un grand chef pâtissier au moment de poser l'ultime cerise rouge au sommet de la pièce montée, Dieu avait mis au cœur d'Ophélie Labourette une petite perle, brillante et noire, indestructible, irradiant sans fin, de ce corps grotesque, la douleur crissante et pointue d'une inextinguible jalousie.

Bref, et pour tout dire, cette immondice sur pattes, comme peu de poètes sensible à la beauté des choses et à l'harmonie des formes, se mourait de haine pour tout ce qu'elle aimait, et vivait dans l'espoir exécrable du pourrissement des anges.

Un jour de rouge automne, alors qu'elle cachait ses détresses au fond d'une forêt noire, Ophélie Labourette rencontra dans un sentier caillouteux un gros crapaud dégueulasse qui coassait par là.

— Vous semblez bien triste, mademoiselle, lui dit-il.

— C'est que je suis épouvantable, monsieur le crapaud. Je donnerais tout au monde pour quitter ce corps contrefait et cette tête repoussante et me changer de peau.

— Je peux quelque chose pour vous, dit encore le crapaud. Figurez-vous que je suis une fée ravissante victime du mauvais sort sur moi jeté par la fée Ladurasse. Seul un baiser sur mon dos pustuleux pourra me rendre mon apparence première. Si vous me donnez ce baiser, mademoiselle, j'exaucerai votre vœu.

Aguerrie à tous les écœurements — elle se voyait dans la glace tous les jours —, Ophélie Labourette n'hésita pas un instant. Elle porta le crapaud à sa bouche et lui baisa le dos.

Aussitôt, le batracien se fit fée, superbe, avec des traits diaphanes, des grâces de ballerine et une baguette étoilée dont elle toucha l'épaule d'Ophélie Labourette en disant :

— Abracadabra. J'ordonne que cette femme quitte ce corps contrefait et cette tête repoussante et qu'elle change de peau.

C'est ainsi qu'Ophélie Labourette se retrouva d'un coup métamorphosée en crapaud.

Quant à ces féroces soldats, je le dis, c'est pas pour cafter, mais y font rien qu'à mugir dans nos campagnes.

Le duc

29 mai 1986

La femme que j'aime n'est pas celle que je croyais. Ou bien elle ne l'est plus. Quelque chose a changé dans son comportement.

Par exemple, elle prend du plaisir à jouer au golf alors que je n'y joue pas moi-même. (Je trouve extrêmement vulgaire cette façon brutale de lancer le cochonnet avec un bâton.) Eh bien, elle, elle aime ça.

Il me semble qu'elle fait preuve d'un certain manque d'élégance de cœur en étant heureuse sans moi.

J'ai malheureusement eu la confirmation fulgurante de son égoïsme pas plus tard que la nuit dernière.

Nous nous sommes couchés tard. Elle dort profondément. Vers quatre heures du matin, je me sens étreint par une sourde angoisse. Sueur aux tempes. Gorge sèche. Je bondis hors du lit. J'ouvre à la volée la porte de la chambre. Et je me retrouve au cœur d'une mer de sable en un pays brûlant. Près d'un cactus mort, je vois un homme en tenue militaire de parade s'enfoncer dans les sables mouvants. Et de cet homme, seuls la tête et les bras galonnés émergent encore de la boue sèche. Je le reconnais. Je revois sa silhouette immense qui les dépassait toutes aux marches des palais des rois du monde où l'on écoutait sa parole éclairée. J'essaie en vain de crier son nom : je suis muet. Pire, à trois pas de lui qui sombre, et je ne l'aide pas. Comme si des liens invisibles me rivaient les bras au corps. Qu'est-ce que je fais dans ce cauchemar ? J'essaie de bouger mes doigts engourdis. Ce qu'ils touchent est joyeux. C'est le drap de satin du lit conjugal. J'ai rêvé.

L'instant d'après, assis dans le lit, la tête dans les mains, j'essaie d'interpréter ce songe étrange, alors que la boule d'angoisse est toujours là, malgré la rassurante certitude de l'armoire à glace trapue où j'entrevois mes regards affolés sous ma tignasse hirsute. Ces sables mouvants ne symbolisaient-ils pas l'oubli ? Cet homme, qu'on exhibait naguère encore à la une des gazettes, n'était-il pas en train de sombrer dans les insondables profondeurs de l'oubli, aspiré dans le noir *no man's land* des mémoires mortes où l'ingratitude des peuples enfouit à jamais les héros d'hier quand d'autres héros se lèvent et les ensevelissent à l'ombre formidable de leurs gloires nouvelles...

Ainsi m'expliquai-je ce rêve pesant. C'était cela. J'en étais sûr. Mais elle, qui dormait là, près de moi, elle avec qui, depuis si longtemps, je partageais sans compter mes moindres émotions, elle qui connaissait tout des parties de moi que je ne lui cachais pas, elle que je savais faire profiter de mes moindres souffrances, au point que ses joues enflaient quand j'avais mal aux dents, elle qui, en somme, était si proche de moi, comment allait-elle interpréter mon rêve ?

Pour l'heure, elle continuait de dormir près de moi d'un profond sommeil d'enfant. Je la réveillai d'un léger coup de genou dans les seins.

— Ne trouves-tu pas, lui dis-je, que depuis quelque temps on ne parle plus beaucoup du duc d'Edimbourg ?

Sa réaction m'a déplu :

— Mais ça m'est égal, j'ai sommeil, s'il te plaît, laisse-moi dormir.

On n'est pas plus égoïste.

Il y a comme ça des gens qu'on aime depuis vingt ans, et que l'on croit bien connaître, et puis un beau jour, une triste nuit, c'est la déception. Brutalement, à la lumière d'un drame humain pas nécessairement lié directement au couple, comme cet étrange silence qui pèse autour de la personne du duc d'Edimbourg, on s'aperçoit qu'on a vécu tout ce temps auprès d'une étrangère...

Quant à ces féroces soldats, je le dis, c'est pas pour cafter, mais y font rien qu'à mugir dans nos campagnes.

Aurore

6 juin 1986

La nostalgie, c'est comme les coups de soleil. Ça fait pas mal pendant. Ça fait mal le soir.

J'ai attrapé un gros coup de nostalgie vespérale après m'être promené l'autre jour dans la rue Saint-Marc, derrière les grands boulevards. C'est une petite rue perpendiculaire à la rue de Richelieu, tout près d'un immeuble m'as-tu-vu où siégeait naguère un journal du matin qui avait un nom de l'aube, et où j'ai appris à raconter des choses en barattant des mots sur du papier. Le journal du matin a été phagocyté depuis par un célèbre épurateur d'opinions. Il reste la façade et les murs derrière lesquels s'agitent désormais des assureurs lustrés et des enfoirés de banque. Et rien, plus rien de la volaille de plume et de flash qui y menait grands bruissements et picaresques éclats et qui s'est égaillée depuis au hasard des excroissances de Médiapolis.

L'imprimerie du journal s'ouvrait par un grand

porche noir qui repoussait dans cette rue Saint-Marc ses effluves chargés de l'air lourd des machines et de la sueur des hommes qui sentaient l'encre et le papier chaud.

A la tombée de chacune des trois éditions de la nuit, c'était la ruée des journalistes et des ouvriers du marbre sur les trois bistrots qui ne fermaient jamais, car les gens de presse d'alors faisaient les trois huit : huit au lit, huit au turf et huit à boire. Les journalistes boivent beaucoup. C'est une constante de leur métier qu'ils partagent avec les chômeurs et les militaires qui, eux aussi, distillent le plus clair de leur temps à rentrer les épaules dans l'attente angoissée de ce qui va leur tomber sur la gueule.

Un triste jour et pour de bon, la rue Saint-Marc a bouclé la dernière édition de ses éclats de nuit. Alors, comme le pique-bœuf s'enfuit du cuir du buffle mort, l'Auvergnat de bistrot, sentant venir la fin prochaine du quartier comateux, replie son grand tablier bleu. Il met son tonneau de bordeaux supérieur sur son dos, et s'envole en pleurant sur les copains d'ivresse vers des lendemains plus clinquants dans des snack-beurk américains où l'on n'est pas tenu, pour qu'on vous serve à boire, de dire bonjour en s'offusquant du retour des frimas.

Par miracle, merci mon Dieu, vous méritez la une, l'un des trois troquets de la rue Saint-Marc a survécu. Celui où nous traînions le moins, parce qu'il était, à vingt mètres près, le plus loin des trois, je veux dire le plus reculé par rapport à cette impalpable mais très précise frontière qui marque aussi bien le territoire du loup que le bout de quartier des hommes.

Comme l'autre en sa galère, qu'allais-je faire dans cet antre enfumé tout agité de travailleurs éclectiques et de matamores de la fripe échappés du Sentier ?

Je n'avais même pas soif. Je revenais de quelque rendez-vous affairé, et ce n'était même pas mon chemin pour aller aux taxis. J'avais mille soucis grandioses en tête qui m'abritaient de l'écume des jours anciens et des souvenirs des copains d'enquêtes et filatures en tous genres.

Pourquoi a-t-il fallu, comme un vieux con de cheval qui retourne au picotin, que je poussasse la porte à battants pour aller réclamer un demi et me poser sur un tabouret de bar auprès d'un vieux cassé sur un ballon d'Alsace ?

C'était un ancien photographe pigiste qui n'avait pas eu la force d'émigrer avec le gros du troupeau. Parce qu'il était déjà trop usé au moment de la fermeture du journal. Au fur et à mesure qu'on avait démoli les deux autres bistrots pour en faire une boutique putassière d'herbes sèches à la Zaraï et un atelier de tissage pour baba-cool exténué, on l'avait repoussé dehors, en même temps que les gravats, jusqu'à ce qu'il tombât du caniveau dans la débauche obscure des petits naufragés éthyliques. Il m'a gratifié d'un hochement de tête amical appuyé d'un sourire fatigué mais entendu, qui voulait dire qu'il n'avait pas oublié toutes ces choses de nos petites vies frétillantes de ce temps-là. Et puis il s'est péniblement repoussé du bar en s'appuyant des deux mains et il a tapoté gentiment l'étui du Rolleiflex qui lui pendait au cou, en m'honorant d'un coup d'œil complice. Ensuite il a dit : « René, tu nous remets ça », et j'ai dit : « Non,

non, c'est moi », comme l'exige le protocole. Et il a dit : « Qu'est-ce que tu deviens ? », et j'ai dit que je devenais tour à tour papa, presbyte et plutôt bien dans mes chaussures. « Et toi, toujours dans la photo ? »

Il a exhalé un soupir bizarre, comme un sanglot pas fini. Il a posé son verre. Il a brandi le Rollei vers moi d'une main et appuyé de l'autre sur le poussoir de l'étui. Il était vide.

Le soir même, il y avait une petite fête à la maison où l'on a ri de bon goût en avançant des idées positives au-dessus d'un confit pas trop ferme. Ce fut fort gai. C'est seulement à l'heure de nuit où j'ai tiré la porte après le départ du dernier convive, quand je me suis retrouvé seul dans le séjour enfumé, un petit peu ivre, et raisonnablement fatigué, que l'imprécise bouffée d'un chagrin léger m'est remontée aux yeux, agaçante et fugace comme ces envies d'éternuer qui restent en suspens.

La nostalgie, Simone, la nostalgie…

Quant à ces féroces soldats, je le dis, c'est pas pour cafter, mais y font rien qu'à mugir dans nos campagnes.

Plaidoyer pour un berger

10 juin 1986

Je possède un berger allemand.
Pouf, pouf.
Je suis possédé par un berger allemand.
Depuis que cet animal partage ma vie, j'ai entendu proférer tant de sottises racistes à son endroit que je me sens tenu aujourd'hui de faire une mise au point.

Parmi les retombées calamiteuses des ridicules événements estudiantins de mai 1968, un certain nombre de lieux communs écologiques ou animaliers, qui sont autant de contre-vérités aisément démontables sans cric, continuent néanmoins de circuler parmi les anciens combattants de ces monômes qui les répandent encore en chevrotant leurs béatitudes dans les sinistres couloirs en béton des maisons de la cucu moribondes.
Idées toutes faites qui ont la vie dure. Selon

lesquelles, par exemple, tout individu qui tond sa pelouse ou qui désherbe ses sous-bois est une brute herbicide. Alors que, crétins chlorophyllés, nous n'aurions plus la moindre forêt si des générations de nettoyeurs sylvestres n'en avaient régulièrement et systématiquement extirpé les ronces et les orties.

Nous n'aurions plus le moindre jardin pour vos orgies végétariennes, si des lignées de sabreurs de glèbe n'avaient jamais martyrisé la terre. Ce sont, hélas, les mêmes débilécolos, confits d'amour tremblant pour les bébés phoques et les punaises des bois, qui ont décidé une fois pour toutes que les bergers allemands étaient des bêtes féroces.

Ineptie. La seule bête féroce qui existe au monde s'appelle Marcel. Au lieu de se contenter de pisser autour de son territoire pour en signaler les frontières, elle préfère défendre les siennes avec des rapières et des armes à feu.

Éperdus de dévotion pour ces prédateurs bipèdes à béret bas qui leur jettent leurs épluchures à la gueule depuis des millénaires, les chiens ne savent que les lécher, les papouiller et leur faire la fête. Le berger allemand, qu'on a surnommé chien-loup pour foutre la trouille aux agneaux, est le plus désespérément dévoué à l'homme. Lequel en profite parfois pour le dénaturer et en faire son complice de guerre, son flic privé ou son bourreau personnel. Les hordes vert-de-gris de naguère, notamment, se sont montrées expertes en l'art de dévoyer l'énergie mordante des bergers allemands vers les fonds de culotte de leurs maigres victimes.

Des SS, il en subsiste encore aujourd'hui. Il y en a

plein les pavillons de banlieue. Nostalgique des ordres noirs, affolé par tout ce qui bouge et qui n'a pas de certificat de baptême, ça voit des bandits et des impies partout, ça vit barricadé derrière des huisseries blindées, ça cotise à la milice communale des serreurs de fesses effarés.

Souvent, c'est nanti d'une femelle à moustache à sensibilité de catcheuse, insaisissable au lit et castratrice à table. Alors, pour se venger, pour avoir l'air plus grand et moins ratatiné, ça s'abrite derrière un berger allemand. Le soir, à l'heure où les employés de banque normaux se mettent des porte-jarretelles pour épater leur femme de ménage et sa belle-sœur Thérèse, ça descend dans sa cave en tirant le gros chien au bout d'une corde raide. Ça s'ennoblit d'une schlague, ça s'enfile dans des bottes de cuir et dans des blousons rembourrés, et ça dresse le bon gros chien concon à la tuerie sécuritaire. Mais, un jour, le bon gros chien concon en a ras la truffe de sauter à la carotide d'un mannequin de son qui ne lui a rien fait. Le fouet finit par lui cuire le sous-poil. Ses vieux instincts de fauve, enfouis sous des siècles de servitude aux droits de l'homme, lui remontent soudain aux babines. La vue brouillée par la fureur, il se trompe de gorge à saigner. Alors, la bouture de nazi que le chien-loup assaille pousse des cris stridents de cochon qu'on abat.

Le lendemain, le journal local annonce : « Encore un paisible retraité dévoré par un berger allemand. »

C'est très très mauvais pour l'image de marque de Rintintin.

Bien sûr, il existe en quantité infime des bergers allemands qui naissent aussi féroces que des fachos français. De même qu'on a vu des maquerelles wallonnes aussi plates que des morues flamandes. Mais c'est extrêmement rare, et souvent le fruit de triturations génétiques de marchands d'animaux peu scrupuleux qui ne craignent pas de provoquer des dégénérescences de fin de race en accouplant, à couilles rabattues, des cousins encore plus germains que Dédé de Bavière et Josette de Prusse.

Et puis merde, quand, par malheur, un berger allemand se farcit un bébé-tartare dans un berceau, qui nous dit que ce n'est pas le bébé qui a commencé ?

Cessons de calomnier cet animal qui est, à l'instar de l'infirmière de nuit de l'hôpital Marthe-Richard, le meilleur ami de l'homme. Aucune bête au monde, si ce n'est, peut-être, le morpion pubien, n'est aussi profondément attachée à l'homme que le berger allemand. Aucune n'est plus dévouée, attentive et patiente avec les petits enfants qui peuvent sans danger lui tirer la queue, lui tordre la truffe, lui bourrer les oreilles de miettes de petit-beurre et lui enfoncer du white-spirit dans le trou du cul à l'aide d'un tuyau de caoutchouc, pour jouer aux 24 heures du Mans, catégorie clébards.

Et puis, il faut le savoir, le berger allemand est le plus intelligent de tous les chiens. Le mien, par exemple, refuse absolument de faire ses besoins ailleurs que sur la pelouse. Les coins-gravier lui désobligent le dessous de queue. Que voulez-vous,

c'est une bête délicate. Il sait cependant à quel point
je désapprouve ce laisser-aller défécatoire. Alors, à
l'aide de sa queue trempée dans la peinture, il a rédigé
des petits panonceaux : « Attention caca » qu'il plante
à côté de chacun de ses oublis. Le jardin ressemble à
un golf miniature. C'est très chic.

Je sais bien que de nombreux auditeurs ne vont pas
me croire. Mais je pose la question, parmi ces
incrédules, combien vont à Lourdes sans rigoler ?

Quant à ces féroces soldats, je le dis, c'est pas pour
cafter, mais y font rien qu'à aboyer dans nos campagnes.

Non compris

12 juin 1986

Je me heurte parfois à une telle incompréhension de la part de mes contemporains qu'un épouvantable doute m'étreint : suis-je bien de cette planète ? Et si oui, cela ne prouve-t-il pas qu'eux sont d'ailleurs ? Et quand je dis « qu'eux », je pense à Fernande, certes, mais pas seulement à elle. Tous et toutes me sont étrangers. Mon crémier, mes enfants, Bernard Tapie, Platinouille ou Mac Enrotte, la speakerine d'Antenne 3 ou Paul Bocuse ne sont pas de mon univers. Je n'arrive qu'au prix d'efforts surhumains à m'intéresser aux faits et gestes de la grande-duchesse de Luxembourg. Même Marguerite Duras, la papesse gâteuse des caniveaux bouchés, m'ennuie. Ce n'est pourtant pas la moitié d'une conne puisqu'elle fait le même métier que Max Gallo. Mais j'ai beau me plonger et me replonger dans les feuilletons de cul à l'alcool de rose de cette apologiste sénile de l'infanticide, ça m'emmerde autant que l'annuaire du Lot-et-Garonne. (Surtout, évitez l'annuaire du Lot-et-Garonne : c'est nul.)

Si encore cette incompréhension jouait à sens unique. Mais, hélas, je soupçonne Mme Duras de ne pas lire mes livres, et Paul Bocuse de ne pas écouter ces chroniques. Il n'est pourtant pas sourd de se trop masturber, un grand maître queux de cet acabit, ça ne branle que du chef. Ou du batteur à œufs. Encore que celui-ci fasse battre ses œufs par ses poules : s'il était aussi souvent à ses fourneaux qu'à la télé, on ne l'appellerait pas « le Schwartzenberg des queues de poêle ».

Ce matin encore, j'ai été frappé par cette incompréhension réciproque entre les humains et moi. J'étais allé avec ma femme acheter quelques bouteilles de vin au cœur du vieux Bercy, chez un petit négociant qui vous fait goûter ses crus avec un quignon de pain et une rondelle de saucisson. D'ailleurs, je ne comprends pas qu'on achète du vin sans l'avoir goûté au préalable. Il ne viendrait à personne l'idée d'acheter un pantalon sans l'essayer avant. Alors, Dieu me tire-bouchonne, ne refusez pas à votre bouche ce que vous accordez à vos fesses.

Le marchand habituel était absent. Je ne connaissais pas son remplaçant. J'ai deviné d'emblée que nous ne nous comprendrions pas : il portait un béret et je ne comprends pas qu'on porte un béret.

— Bonjour messieurs-dames ! nous a-t-il lancé.

Je ne comprends pas qu'on dise « bonjour messieurs-dames ». Je lui ai demandé, le plus poliment, le plus délicatement possible, de retirer ces paroles et d'ôter son béret, mais c'est alors que j'ai compris, une fois de plus, que l'incompréhension jouait dans les deux sens. Je l'ai deviné au ton légèrement agacé qu'il a pris pour me dire : « Et pour monsieur, qu'est-ce que ce sera ? »

Pourquoi n'avait-il pas dit : « Qu'est-ce que c'est ? »

Pourquoi employait-il le futur ?

Pourquoi nous projeter ainsi dans l'avenir, en pleine science-fiction ?

Je suis d'une autre planète, vous dis-je.

— Je voudrais du vin, finis-je par avouer.

— Du vin pour tous les jours ?

Pourquoi avait-il dit « du vin pour tous les jours ? ».

Pourquoi ? Pourquoi ? Pourquoi ? Voulait-il exprimer qu'il avait également en stock des vins pour un jour sur deux ? Des vins pour toutes les nuits ? N'avais-je pas décelé un soupçon d'animosité dans le ton de cet homme ? Si je lui avouais que je buvais du vin tous les jours, n'allait-il pas appeler la police ? J'essayais de rester calme, pour ne pas affoler Syphillos qui s'agrippait à mon bras. (Ma femme s'appelle Syphillos. Je le souligne à l'intention du tourneur-fraiseur qui tourne autour. Pourquoi les fraiseurs tournent-ils ? Pourquoi les tourneurs fraisent-ils ? Pourquoi ?)

— Oui, monsieur, je voudrais du vin pour tous les jours.

J'en profitai pour lui expliquer, avec ménagement, que j'avais pris l'habitude de consommer du vin même le mardi.

— Tenez, c'est comme cette dame, pour vous donner un exemple : c'est ma femme pour tous les jours, n'est-ce pas ?

Alors, lui :

— Ah mais, y fait ce qu'y veut. Tiens, pour tous les jours y n'avons une petite côte de Duras qu'a de la cuisse. Y sera pas déçu. Et pour dimanche y veut rien ?

Cet après-midi, j'ai voulu m'offrir un bouquet de fleurs pour tenter de me consoler de ce perpétuel fiasco dans mes rapports affectifs avec ce qu'il me faut bien appeler mes semblables, car enfin nous avons le même nombre de jambes, le même nombre de bras, le même nombre d'oreilles, le même nombre d'yeux (vous avez vu : j'ai pas dit couilles).

La fleuriste était du genre noiraude et trapue, courte-cuisse et velue du mollet. Sur ses jeans était écrit : *I love the Lot-et-Garonne*. J'aurais dû me méfier.

— J'ai faim. Je suis d'Agen, me dit-elle. Le patron s'appelle Bruno, mais il est pas là. Qu'est-ce que vous voulez ?

— Une douzaine de tulipes, s'il vous plaît.

— C'est pour offrir ?

« Qu'est-ce que ça peut te foutre, boudin », pensai-je avec une certaine retenue dans l'élégance du verbe. Pourquoi ? Pourquoi cette femme tentait-elle de s'immiscer dans ma vie privée ?

— Non, non, mademoiselle, c'est pour moi.

Elle enroba les fleurs dans une feuille de journal et dit :

— C'est trente-deux francs.

— Oui. Bon. Voilà. Mais, vous ne pourriez pas me les envelopper un peu plus joliment, ces tulipes ?

— Y m'a dit que c'était pas pour offrir...

— Non, en effet, mademoiselle. Ces fleurs sont pour moi. Je... je pensais cependant mériter de votre part les mêmes égards que vous eussiez montrés pour ma marraine. Mais, bon, tant pis. Adieu, mademoiselle. Nous ne sommes pas faits pour nous comprendre.

Pourquoi ? Pourquoi ? Le seul être qui m'ait un peu rasséréné fut le boucher. Je lui ai pris un steak haché. Il m'a demandé si c'était pour offrir. J'ai dit que non, que c'était pour moi. Il m'a quand même mis deux très jolis papiers autour.

Quant à ces féroces soldats, je le dis, c'est pas pour mugir, mais y font rien qu'à nous déflorer les entre-côtes.

A mort le foot

16 juin 1986

Voici bientôt quatre longues semaines que les gens normaux, j'entends les gens issus de la norme, avec deux bras et deux jambes pour signifier qu'ils existent, subissent à longueur d'antenne les dégradantes contorsions manchotes des hordes encaleçonnées sudoripares qui se disputent sur gazon l'honneur minuscule d'être champions de la balle au pied.

Voilà bien la différence entre le singe et le footballeur. Le premier a trop de mains ou pas assez de pieds pour s'abaisser à jouer au football.

Le football. Quel sport est plus laid, plus balourd et moins gracieux que le football ? Quelle harmonie, quelle élégance l'esthète de base pourrait-il bien découvrir dans les trottinements patauds de vingt-deux handicapés velus qui poussent des balles comme on pousse un étron, en ahanant des râles vulgaires de bœufs éteints.

Quel bâtard en rut de quel corniaud branlé oserait

manifester publiquement sa libido en s'enlaçant frénétiquement comme ils le font par paquets de huit, à grands coups de pattes grasses et mouillées, en ululant des gutturalités simiesques à choquer un rocker d'usine ? Quelle brute glacée, quel monstre décérébré de quel ordre noir oserait rire sur des cadavres comme nous le vîmes en vérité, certain soir du Heysel où vos idoles, calamiteux goalistes extatiques, ont exulté de joie folle au milieu de quarante morts piétinés, tout ça parce que la baballe était dans les bois ?

Je vous hais, footballeurs. Vous ne m'avez fait vibrer qu'une fois : le jour où j'ai appris que vous aviez attrapé la chiasse mexicaine en suçant des frites aztèques. J'eusse aimé que les amibes vous coupassent les pattes jusqu'à la fin du tournoi. Mais Dieu n'a pas voulu. Ça ne m'a pas surpris de sa part. Il est des vôtres. Il est comme vous. Il est partout, tout le temps, quoi qu'on fasse et où qu'on se planque, on ne peut y échapper.

Quand j'étais petit garçon, je me suis cru longtemps anormal parce que je vous repoussais déjà. Je refusais systématiquement de jouer au foot, à l'école ou dans la rue. On me disait : « Ah, la fille ! » ou bien : « Tiens, il est malade », tellement l'idée d'anormalité est solidement solidaire de la non-footballité.

Je vous emmerde. Je n'ai jamais été malade. Quant à la féminité que vous subodoriez, elle est toujours en moi. Et me pousse aux temps chauds à rechercher la compagnie des femmes. Y compris celle des vôtres que je ne rechigne pas à culbuter quand vous vibrez aux stades.

Pouf, pouf.

A part ça, je suis très content car les enfants m'écrivent. Une auditrice de neuf ans, qui a malheureusement oublié de me communiquer son adresse, me dit : « Non mais ça va pas la tête de dire des choses pareilles sur le bon Dieu. Crétin, va. Imbécile. » Signé Anne, neuf ans.

Tu as raison, Anne, ça va pas la tête.

Je ne le ferai plus, je te le promets.

N'empêche que c'est pas moi, c'est le bon Dieu qui a commencé.

Demande à ta mère de t'expliquer le comportement du bon Dieu avec les petites filles de neuf ans en Éthiopie ou au Liban. Moi, j'ai pas tout compris. Je t'embrasse, petite Anne.

Pouf, pouf.

D'Alexandre Laumonier, dix ans : « J'écoute les *Chroniques de la haine ordinaire*. Je comprends pas tout. Quand j'entends rire les autres, ça m'énerve, je me dis : c'est pas juste. »

C'est normal, Alexandre. A dix ans, on a l'esprit éveillé à d'autres altitudes que celles où plafonnent les vieux de trente ans et plus.

A l'inverse, quand vous jouez à Zorro, nous ne comprenons pas tout. Par exemple, quand il y en a un qui dit « Pan t'es mort », on comprend pas pourquoi celui qui vient d'être touché se relève en disant : « Ça fait rien, on dirait que j'en serais un autre. »

Chez les grands, quand on joue à la guerre, on n'en

est jamais un autre. Je crois que c'est parce qu'on n'a pas l'intelligence. On comprend pas tout. Moi aussi, ça m'énerve.

Salut, Alexandre.

Pouf, pouf.

Pour en finir avec ce douloureux problème de l'incommunicabilité entre les générations, une anecdote familiale.

Un crétin mutin — j'en ai plein mes salons — m'a offert un gadget imbécile : une petite boîte en bois dont une face vitrée abrite un préservatif. Sur le côté, il y a un petit marteau pointu et une mise en garde tout à fait consternante : « En cas d'urgence, brisez la vitre. » J'en ris encore.

— Maman, c'est quoi le truc dans la boîte ? demande une petite fille de onze ans qui m'est proche, à sa mère.

Laquelle, ayant dépassé depuis longtemps le stade superbranché-Pernoud, bonjour la p'tite graine, est ce qu'on appelle une maman moderne. Un peu gênée tout de même (elle a fait huit ans chez les sœurs avant de voir le loup), elle se lance dans un cours sommaire de contraception élastique que l'enfant suit d'une oreille distraite sans le moindre ébahissement.

— C'est super, commente-t-elle poliment. Mais enfin, bon, papa et toi, c'est pas votre problème.

— Comment ça ?

— Vous voulez plus d'enfant.

— Et alors ?

— Et alors, de toute façon, quand on veut plus d'enfant, on fait plus l'amour.

— Mais si. Mais si.

— Pourquoi ?

— Pour... le plaisir.

— Ah ben alors, là, vous êtes vraiment des cochons tous les deux !

Quant à ces féroces verrats, je le dis, c'est pas pour cafter, mais y font rien qu'à baiser dans nos campagnes.

Rupture

18 juin 1986

Je viens de rompre avec Dieu.

Je ne l'aime plus.

En amour, on est toujours deux. Un qui s'emmerde et un qui est malheureux.

Depuis quelque temps, Dieu me semblait malheureux.

Alors, j'ai rompu.

Lent et sournois, le feu de la rupture couvait depuis longtemps.

J'ai tout fait pour l'étouffer.

Mais j'étouffais.

Je sentais sans cesse sa présence oppressante au-dessus de moi. Comme un vieux paparazzi collaborateur à *Je suis partout*, il était perpétuellement là à m'observer, surgissant dans ma vie à n'importe quelle heure du jour ou de la nuit.

« Toc toc. — C'est le laitier ? — Non, c'est Dieu. »

Allais-je tolérer plus longtemps de Dieu ce que je supportais si mal de la part du KGB ?

Et puis, je m'entendais mal avec sa famille. Je trouvais que le fils, surtout, avait mauvais genre. Je ne pense pas être bégueule mais ce côté « m'as-tu vu sur ma jolie croix dans mes nouveaux pampers », j'ai toujours pensé que cela avait desservi le prestige de l'Église. Et contribué, pour une large part, à l'abandon de l'habit sacerdotal traditionnel au profit de la soutane rase-bonbon chez les prêtres intégristes bisexuels.

Moins omniprésent, mais d'une suffisance dans ses envolées surprises, le dernier du trio, le Saint-Esprit, m'horripilait presque autant. Cette façon de vous tomber dessus à l'improviste, en plein gueuleton de Pentecôte chez mon beau-frère, quelle grossièreté !

« Coucou, courroucou, hello you happy taxpayers ! L'ai-je bien descendu ? »

De grâce, ma colombe, fous-nous la paix.

J'ai posté hier soir ma lettre de rupture.

PARIS, le ...
PD/PD (j'étais seul)

Cher Dieu,

Ne m'attends pas dimanche. Je ne viendrai pas. Je ne viendrai plus jamais le dimanche. Ni les autres jours, ni les autres nuits.

Dieu, mon grand, mon très grand, mon très haut, je ne t'aime plus.

Ce qu'il m'en coûte de te faire cet aveu, toi seul le

sais. Mais tu dois bien admettre que nous ne pouvons plus continuer ainsi à nous faire du mal, toi m'espérant en vain, et moi n'y croyant plus.

J'ai tous les torts. Depuis le début de notre liaison, je t'ai trompé cent fois en cent lieux de bassesse peuplés de salopes en cuir et d'intorchables marins rouges qui me collaient à leur sueur en salissant ton nom.

A la source du mal, j'ai bu des alcools effroyables, et aspiré à gueule ouverte les volutes interdites des paradis où tu n'es pas.

Mon Dieu, mon Dieu,

Tu te souviens de ce soir de mai brûlant où nous regardions ensemble un soleil angevin mourir doucement sur la Loire. J'étais bouleversé par tant de beauté tranquille, et toi, tu m'as cru plus près de toi, mon Dieu, plus près de toi que jamais, alors même que, dévoré par un désir éperdu de mort païenne, je jouissais gravement dans les bras mêmes du diable.

Dieu, tout est fini entre nous.

Pourtant, je t'ai aimé. Dès le premier jour.

Rappelle-toi. Je n'avais pas treize ans. C'était dans ta maison. Il y avait de l'or trouble aux vitraux, et cette musique de fer profonde, et la magie de ce parfum d'Orient qui n'appartient qu'à toi. Je me suis agenouillé. Tu es venu. Je t'ai reçu tout entier. Tu es entré en moi et j'ai pleuré.

Ce sont des choses qui marquent une vie. Elles sont ineffaçables.

Mais, aujourd'hui, mon Dieu, je ne t'aime plus. Je t'en prie, oublie-moi. Je suis grain de sable, et d'autres hommes t'aimeront que tu sauras aimer aux

quatre coins du monde, de Beyrouth à Moscou et de
Gdansk à Santiago.

Ah ! Dieu. Pardonne-moi mes offenses, mais laisse-
moi succomber à la tentation, donne-moi aujourd'hui
mon péché quotidien, et délivre-moi du bien. Ainsi
soit-il.

Veuillez croire, moi pas.

                                                    Pierre.

Les hommes en blanc

20 juin 1986

C'est hier après-midi que j'ai pris la nouvelle en pleine gueule. Chez l'opticien. Je n'avais pas de raison de me méfier de cet homme. C'était un opticien moyen, avec une tête d'opticien moyen. Vous savez, une de ces têtes d'une banalité hors du commun, une tête oubliable au-delà du raisonnable, une tête outrageusement ordinaire, et pour tout dire plus courante que l'eau du robinet. Bref, une tête d'une telle platitude que l'honnête homme qui la croise se demande si c'est Isabelle Huppert ou Michel d'Ornano.

Je ne me doutais pas que cette insignifiance en blouse allait gâcher ma vie. J'étais entré là sur une impulsion, pour m'acheter des lunettes noires destinées à cacher mon intrépide regard de cancéreux sursitaire buriné à la cohorte enfiévrée des mille et une groupies inassouvies que la rue jette pantelantes à mes trousses quand Phébus, attardant ses rayons sur leur cou juvénile pour d'impossibles ruts où je ne serai pas, leur met les fesses en feu et la fièvre au nombril, et pousse vers mon corps leurs quelconques appas.

— Bonjour, docteur, est-ce que vous avez des lunettes ?

Peut-être mon entrée en matière a-t-elle heurté l'amour-propre de ce plat imbécile. A l'instar du vieux Prévert qui disait « tu » à tous ceux qu'il aimait, je dis « docteur » à tous les hommes en blanc... J'ai déjà remarqué que ça énervait les boulangers. Faites l'expérience. Au lieu de vous emmerder l'après-midi dans vos bureaux insipides, à vendre des moissonneuses-batteuses hydrauliques par correspondance à des ploucs illettrés, ou à apprendre par cœur la Constitution de la IVe dans les chiottes de Sciences-pot, sortez dans la rue pomper le bon air hydrocarbotchernobylesque. Gorgez-en vos poumons fripés saturés de jus de Camel. Entrez dans une boulangerie, entre deux fournées, à l'heure où cet artisan blême et farineux s'exhume de son pétrin pour venir expectorer ses calembours rassis d'ex-mitron sous le nez des ménagères. (J'en ai subi un, pendant dix ans, qui ne savait pas vendre un bâtard sans hennir : « Et un enfant sans père, pour la p'tite dame. » Quelle dérision !)

Bon. Quand votre tour arrive, regardez le boulanger au fond des yeux, et lancez-lui gaiement : « Bonjour, docteur. Est-ce que vous avez du pain ? » Le mien, la première fois, ça l'a tellement troublé qu'il s'est mis à ranger ses miches en serrant les baguettes au lieu de faire le contraire.

— Bonjour, docteur. Est-ce que vous avez des lunettes ?

— Des lunettes de quoi ?

— Des lunettes pour les yeux.

— Quel genre ?

— Marron. Des lunettes pour les yeux marron.

— J'y demande pas ça. J'y demande quel genre de lunettes.

— Noires.

— La monture ?

— Non. Les verres.

— Donc. Y veut des lunettes noires pour des yeux marron. Il a qu'à essayer ceci.

— Faites voir... C'est pas pour me vanter, mais c'est vulgaire.

— Nous en faisons beaucoup actuellement.

— Oui. C'est ce que je voulais dire.

Je l'énervais. Je sentais bien que je l'énervais.

— Il a qu'à essayer ceci, alors.

— Ah ! oui. C'est mieux, docteur. C'est combien ?

— Celles-ci nous font trente-quatre francs.

— Dites trente-trois.

— Non. Trente-quatre. Sinon, je fais pas ma marge.

— Et celles-ci ?

— Celles-ci nous font dans les deux cent cinquante francs.

— Je m'en fous. Je suis riche.

— Y sera pas déçu. Il y a plusieurs écartements, c'est pas pareil. C'est un autre produit. Y sera pas déçu : on n'en vend pratiquement jamais.

— Mettez-m'en deux paires.

Je l'énervais vraiment. C'est à ce moment qu'il s'est vengé en me gâchant la vie.

— Il a pas besoin d'autre chose ?

— Non merci.

— Quel âge ça lui fait, là, maintenant ?

— Ça vous regarde pas.

— Ça dépend. Il a dépassé les quarante-cinq ans, hein ?

— Pas vraiment. Enfin si. Qu'est-ce que ça peut vous faire ?

— Rien. C'est juste pour voir. Tiens. Il a qu'à s'asseoir là. Il a qu'à fermer l'œil droit. Il a qu'à lire le tableau qu'est là.

— Si vous y tenez... « Ah je voudrais tant que tu te souviennes... Des jours heureux où nous étions amis... En ce temps-là la vie était plus belle... Et le soleil plus brûlant qu'aujourd'hui. »

— Ah ! non. Là, il a triché. Il a pas pu lire ça. Il a qu'à essayer avec ces verres-là. Pour voir...

— Bon. Je recommence. « Ah je voudrais tant que tu te souviennes... Des jours heureux où nous étions amis... En ce temps-là la vie était plus belle... Et le soleil plus brûlant qu'à Roubaix... »

— Ah ! Y voit bien qu'y voit mieux. L'autre œil maintenant.

— Et le soleil plus brûlant qu'à Roubaix. Les... les feuilles... mortes ? se ramassent à la pelle.

— Ah ! non. Il a qu'à essayer avec ces verres-là.

— Les feuilles d'impôt se rappellent à la masse.

— Eh ben oui, eh ben oui. Il est presbyte.

— C'est grave, docteur ?

— Hin, hin, hin, sardoniqua-t-il.

Ainsi donc, j'étais handicapé physique, et je l'apprenais sans aucun ménagement de la bouche de cette brute.

Ça m'a gâché la vie, vous dis-je.

Car enfin, Dieu m'enfourche à Longchamp dans la quatrième, qu'est-ce que l'avènement de la presbytie chez l'homme, sinon le premier signe avant-coureur de l'inexorable sénilité qui finira tôt ou tard par l'acculer au tombeau sous les regards soulagés de ses enfants chéris ?

Après la presbytie, voici que les cheveux de l'homme, de plus en plus clairsemés, se mettent à grisonner aux tempes, cependant que ses muscles s'affaissent et que sa femme a molli. Il se voûte, il se plie, se ratatine et trotte menu. Puis il se met à chevroter. Ses pensées se fixent et son dentier s'en va.

De la vie, il n'attend plus rien que son *Télé 7 Jours*. C'est le délabrement final.

Tout ça à cause de ce connard d'opticien. Je lui jette ses deux cent cinquante francs à la gueule. Je le salue, du bout de mes lèvres encore gourmandes, mais pour combien de jours encore ? Et je sors dignement, abritant, sous mes nouveaux verres noirs, mon incognito de la curiosité malsaine des femmes disponibles que les beaux jours excitent. Je tombe nez à nez avec deux bigotes infâmes. La plus vieille dit à sa copine :

— Ah ! vous avez vu, chère amie ? C'est Jean-Pierre Déborge. Il a pris un sacré coup de vieux !

Quant à ces féroces soldats, je le dis, c'est pas pour cafter, mais y font rien qu'à mugir dans nos campagnes.

Les aventures du mois de juin

23 juin 1986

Dimanche de la mi-juin.

De l'été, c'est le plus beau jour. Le vrai premier jour.

Après cinq cents kilomètres, Alexandre descend de l'automobile pour forcer le portail de bois vert sombre. Anne gare la voiture sous l'abri de chaume. A l'arrière, l'ivresse désordonnée des joies folles fait trépigner les deux petites filles énervées.

Dans l'allée de sable, hérissée des herbes incongrues du printemps, un lapin stupéfait s'éclipse cul en l'air. Il a l'air con des lapins stupéfaits. Aussi peu concerné qu'un croque-mort à la noce, le chat sombre du voisin fou s'en va à peine.

Au bout de l'allée est la maison, sobrement tarabiscotée balnéaire 1910, toit d'ardoise, murs blanc et brique, cernée de vigne vierge.

Quand il ouvre la porte, la chaleur enfermée fait monter du parquet nu, nourri d'huile de pin, la senteur exotique des ponts des vieux navires.

De l'autre côté des volets blancs, la terrasse aux pierres bleues.

En contrebas, immense comme une éternité tranquille, frémissante à l'infini, inéluctable comme la mort et plus crédible que Dieu, la mer considérable s'en fout intensément.

La vraie mer. Atlantique. Pas la mer sans marée, stagnante et soupe aux moules, qui lèche le Sud à petits clapotis mièvres, où l'Anglaise dorée finissante fait frémir ses varices. Je vous parle de la mer venue d'Ouest qui claque aux sables vierges, et va et vient, monte et descend comme un amant formidable. La mer tour à tour miroir de plomb mort ou furie galopante. La mer.

Au pied de l'escalier de pierre où la plage n'en finit plus de s'étaler, les eaux sont basses et leur rumeur feutrée comme une confidence où chuinte un peu d'écume, unique frisson de bruit dans cette splendeur inconcevable du crépuscule de juin.

Alors, les enfants, saturées d'autoroute, avides d'air marin, cassent la paix du soir à coups de rires claquants. Elles se vautrent sur le sable et l'étreignent et s'y couchent à plat ventre avec des ferveurs de pape embrassant la Terre sainte.

Trois goélands choqués s'envolent infiniment. « C'est un temps contre nature, comme le ciel bleu des peintures, comme l'oubli des tortures. »

Anne arrive doucement sur ses pieds nus. Bermuda Montparnasse et tee-shirt diaphane, elle pétille, rassurante, sous le grand chapeau de paille tressée noir, pose sa main sur l'épaule de l'homme pour regarder la mer ensemble.

— Tu devrais écrire un roman balnéaire.

Elle dit cela comme on dit « Tu devrais mettre une laine » ou « Il faudrait téléphoner à ta mère », sur le ton léger qui nous vient pour émettre des insignifiances si peu fondamentales que, l'instant d'après, on ne sait plus si on les a dites à haute voix ou simplement pensées. Mais c'est aussi le ton qu'on prend pour exprimer des évidences si fortement assises qu'elles n'appellent même pas de réponse.

Toujours est-il qu'elle a dit : « Tu devrais écrire un roman balnéaire. » Pour l'heure, elle regarde intensément la mer plissée de petits éclats blancs. Il lui dit qu'elle est folle, qu'on ne fait pas les romans balnéaires comme on fait les foins, qu'il faut l'idée, les idées, et l'échafaudage, et la plume sereine et lente et, peut-être, le talent d'écrivain. Elle reçoit le couchant de plein fouet et fronce le museau pour compter sa progéniture qui fait le dauphin débutant à la frange de l'écume.

— Vues d'ici, on dirait des fourmis déconnant sur un ourlet.

Elle rit :

— C'est un joli début pour le livre : Les enfants jouaient dans la mer à marée basse. Vus de la terrasse, on aurait dit des fourmis déconnant sur un ourlet.

— Et après ? Il faut une histoire. Je ne sais pas, moi... La mer est plate et rassurante, mais le vent souffle de la terre, et le plus petit enfant, dans sa bouée de plastique, disparaît à jamais vers les Amériques. La douleur des parents fait peine à voir. Le malheur se lève et le soleil se couche. Racontez.

— Non. Ce serait encore de l'humour de cimetière. Ça va comme ça. Tu as déjà donné. Trouve autre chose.

— Je sais pas, moi... les Russes débarquent ?

— Par l'Atlantique ? C'est original...

Le jour continue rouge de ne pas mourir. Alexandre se dit qu'il est résolument contre l'abolition du mois de juin. Août est vulgaire. Transparents et mous, les méduses et les banlieusards échoués s'y racornissent sur le sable dans un brouhaha glapissant de congés payés agglutinés. Août pue la frite et l'aisselle grasses. En août, le pauvre en caleçon laid, mains sur les hanches face à la mer, l'œil vide et désemparé, n'ose pas penser qu'il s'emmerde. De peur que l'omniprésence de sa femelle indélébile, de sa bouée-canard grotesque et de son chien approximatif ne lui fasse douter de l'opportunité posthume du Front populaire.

Le mois de juin est autrement gracieux. En juin, les jours sont longs et blonds comme les nubiles scandinaves aux seins mouillés qui rient dans la vague jusqu'à la minuit. En juin, au marché des pêcheurs, on ne se piétine pas encore : on flâne. Derrière le port, la tomate-cerise est pour rien à l'étalage de la maraîchine. On la croque au sel sur le sable avec une branche de basilic et un verre de vin blanc de Brem glacé.

Vivre la ville en août, vivre la mer en juin, c'est l'ultime aristocratie et la rare élégance de l'estivant hexagonal.

Ce soir, ils ont sorti la grande table de chêne sur la terrasse, face à l'océan. Le mur blanc surchauffé renvoie la chaleur accumulée du jour. Pourpre et lent comme un prélat, le soleil descend religieusement sur l'horizon paisible, comme une hostie rouge avalée par la mer, et Alexandre se demande combien de phrases aussi bigrement poétiques il faut caser dans un roman balnéaire pour que ce soit aussi beau qu'une chronique de sous-bois solognot avec des senteurs de mousse et des écureuils hystériques qui viennent manger dans la main de Maurice Genevoix...

— Tu n'as pas vu les filles ? demande Anne.

Pourquoi Anne demande-t-elle : « Tu n'as pas vu les filles ? »

Les enfants auraient-elles disparu ? Si oui : Où ? Quand ? Comment ? Pourquoi ? Qu'est-ce que ça peut foutre ?

Vous le saurez en écoutant demain à la même heure sur cette antenne « les Aventures du mois de juin », une bouleversante saga en deux, trois ou douze épisodes, ça dépend.

Quant à ce féroce noroît, je le dis, c'est pas pour cafter, mais y fait rien qu'à mugir dans nos haubans.

Les aventures du mois de juin *(suite)*

24 juin 1986

Résumé du chapitre précédent :
Anne et Alexandre profitent du mois de juin pour ne pas partir en août. Ils glandent dans leur maison, au bord d'une plage atlantique, avec leurs deux enfants, probablement des petites filles, j'ai pas bien suivi le début. Soudain, alors qu'Alexandre, sur la terrasse face au couchant, fait rien qu'à se poser des questions fondamentales de type romantiques de bains, Anne s'écrie :

— Tu n'as pas vu les filles ?

C'est bien ce que je disais. C'est des filles.

Non, il n'a pas vu les filles.

Tous les étés, il perdait les filles. Dix, vingt fois. La maison, le jardin, la plage sont vastes, et les enfants, au sortir du bas âge, puissamment volatiles.

Pessimiste sans nuance, dix, vingt fois, il nourrit goulûment son angoisse maladive de ces escapades dont il entrevoit toujours l'issue la plus tragique. « Ma fille, ma petite, ma porcelaine, toujours je t'imagine brisée. » Du jour où ses enfants sont nées, il n'a cessé, au creux de ses nuits blanches et de ses jours noirs, de les entrevoir courant nues sous les bombes, éclatées sous des camions distraits, torturées jusqu'au cœur par les fureurs immondes d'irréfutables monstres, ou roulées sous les vagues, happant les algues à mort en suppliant des yeux pour rattraper la vie.

Avec une minutie de flic obtus, il fouille et contre-fouille le garage, la voiture, la haie de fusains, la maison pièce à pièce, où il hurle leurs deux noms, pendant qu'insidieusement le froid blanc d'une hor-reur innommable lui monte aux tripes, étouffant peu à peu l'autre lui-même qui s'épuise à trouver que tout va bien les gars, rien à dire, c'est tout bon, pour un beau mois de juin, c'est un beau mois de juin.

Au bout de vingt minutes, on sort la voiture, le vélo, les voisins, la police et les chiens.

— Je suis formel, on n'a rien vu sur l'eau, affirme le pimpant CRS balnéaire.

— Sur l'eau, je m'en fous. Mais SOUS l'eau ? risque-t-il, exhibant sans vergogne son humour clés en main avec vue imprenable sur le cimetière.

C'est plus fort que lui : plus la situation est sombre, plus il en rit. Juif aux années sombres, il aurait sans doute contrepété aux portes des chambres à gaz, n'eussent été les menaces du fouet. (Il a horreur qu'on le fouette quand il contrepète.)

Ses petites ne sont pas noyées. C'est donc un coup du sadique des plages. Encore qu'on cite peu de cas de sexualité de groupe chez les assassins pédophiles.

Il pense à solder sa planche à voile et le magnéto-scope portable pour réunir le montant de la rançon. Peut-être faudra-t-il aussi songer à vendre la maison, la collection de tire-bouchons et les bordeaux 75 qu'il ne comptait pas ouvrir avant le printemps 89, pas après non plus, à cause de la chimiothérapie, parce que, bien sûr, il attend son cancer incessamment, mais, de toute façon, dès les premiers symptômes, il finira sa cave à la carabine.

Après l'heure du chien, après l'heure du loup, on n'a toujours rien trouvé. La mère est folle et toute blanche. Elle tord ses doigts, et ses yeux souvent doux dessinent dans ceux d'Alexandre la même horreur sans mesure où ils vont sombrer, c'est sûr.

Pourquoi l'idée que ses enfants souffrent lui est-elle si complètement insupportable, alors qu'il dort, dîne et baise en paix quand ceux des autres s'écrasent en autocar, se cloquent au napalm, ou crèvent de faim sur le sein flapi d'une négresse efflanquée ?

— On s'a endormi, dit la plus petite hébétée qu'un voisin découvre à la nuit, assise au milieu du jardin, échevelée, bouffie de torpeur, ronronnante.

Elles avaient joué au sous-marin noir dans le grand placard de leur chambre. Saturées d'air du large et de soleil lourd, elles avaient succombé au sommeil sur un tapis roulé, de l'autre côté de la porte close.

— Mais où étiez-vous ? hurle-t-il dans un cri métal-lique de colère brisée.

— Où étiez-vous, suffoque la mère, vacillante sous la violence intolérable du soulagement qui la submerge, comme un scaphandrier d'apocalypse trop brutalement remonté des enfers.

— On s'a endormi.

— Nous nous sommes endormies, rectifie-t-il, un dixième de seconde avant de concevoir assez honteusement l'ampleur, l'incongruité et la sottise pédagogique de sa remarque.

C'est congénital. Il a toujours eu un respect profond, presque craintif, pour la langue, la grammaire, la syntaxe, le vocabulaire et toutes ces conneries. A la maternelle, déjà, il ne disait plus « cacaboudin la maîtresse en maillot de bain », mais « la chair est triste, hélas, et j'ai lu tous les livres ».

— Papa, on s'a fait violer.

— On s'est fait violer.

Enfin, bon, elles s'avaient endormi, elles s'avaient réveillé, et les voici qui torturent en piaillant des langoustines défuntes qu'elles écartèlent pour s'en gaver sous la lune que la mer endormie réfléchit brillamment.

— Au secours, docteur, je ressens comme un point, là.

— Faites voir... Ah oui, je vois ce que c'est ; c'est un bonheur insupportable.

— Ah ! bon.

Quant à ce sang impur, je le dis, c'est pas pour cafter, mais y fait rien qu'à abreuver nos sillons.

Table

COMPOSITION : IMPRIMERIE HÉRISSEY À ÉVREUX
IMPRESSION : BRODARD ET TAUPIN À LA FLÈCHE (2-89)
D.L. FÉVRIER 1987. N° 9486-12 (6400A-5)

Collection Points

SÉRIE POINT-VIRGULE